OSCAR
MODERNI

Di Hermann Hesse negli Oscar

L'arte dell'ozio
Il coraggio di ogni giorno
Dall'India
Dall'Italia
Demian
La felicità
Frammenti del creato
Francesco d'Assisi
Gertrud
Il gioco della vita
(2 voll. in cofanetto)
Il gioco della vita. La disperazione e la grazia - Epistolario scelto (1904-1950)
Il gioco della vita. Cittadino del mondo - Epistolario scelto (1950-1962)
Il giuoco delle perle di vetro
I grandi romanzi di Hermann Hesse
(4 voll. in cofanetto)
L'infanzia dell'incantatore
Knulp - Klein e Wagner - L'ultima estate di Klingsor
Leggende e fiabe
Il lupo della steppa
La musica del mondo
Narciso e Boccadoro
La natura ci parla
La nevrosi si può vincere
Non uccidere
Peter Camenzind
Poesie
Poesie d'amore
Racconti
Religione e mito
Romanzi
Il romanzo della mia vita
Rosshalde
Sotto la ruota
Le stagioni della vita
Sull'amore
Trilogia dell'amore e della vita
(3 voll. in cofanetto)
Il viandante

Hermann Hesse

IL CORAGGIO DI OGNI GIORNO

A cura di Volker Michels

Traduzione e introduzione di Adriana Apa

Titolo originale dell'opera: *Eigensinn macht Spaß*

I edizione Oscar saggi ottobre 1990
I edizione Oscar scrittori moderni gennaio 1995
I edizione Oscar Moderni agosto 2020

ISBN 978-88-04-72818-4

Questo volume è stato stampato
presso ELCOGRAF S.p.A.
Stabilimento - Cles (TN)
Stampato in Italia. Printed in Italy

oscarmondadori.it

Poesia Mondadori

Anno 2021 - Ristampa 19 20 21

librimondadori.it

Introduzione

di Adriana Apa

La ricerca del Sé (*Selbst*), il processo del divenire uomo, l'evolversi dell'individuo in personalità sono sempre state tematiche centrali nel pensiero di Hermann Hesse, elementi che fanno di ogni suo scritto una sorta di "biografia dell'anima", come lui stesso amava definire la sua opera.

Lo scrittore affermava infatti «che le sue "composizioni in prosa" non sono, in realtà, romanzi, ma piuttosto "monologhi", nei quali una singola persona... (Peter Camenzind, Knulp, Demian, Siddhartha, Harry Haller) viene considerata nella relazione con il mondo e con il suo proprio Io».[1] Il filo che attraversa tutta l'opera di Hesse è dunque il tema dell'individuo «che cerca il contrario, rifiuta la via dei molti e, indipendentemente, vuole procedere per la propria... Non è fatto per la vita in collettivo, ma è un re solitario in un reame di sogno che egli stesso ha creato»,[2] è un uomo che modella se stesso e il mondo in base a criteri esclusivamente personali. È l'ideale di una personalità autonoma, consapevole delle proprie responsabilità nei confronti di se stessa, determinata ad au-

[1] F. Masini, *La «magia del corporeo» e il sentiero della conoscenza di H. Hesse*, introduzione a *Altri romanzi e poesie*, Milano 1981, p. XII.
[2] H. Hesse, *Über "Peter Camenzind"*, Gesammelte Werke 11, p. 26.

torealizzarsi e animata dalla volontà di cercare il proprio destino individuale.

Del resto questo è il senso della parola *Eigensinn* che compare nel titolo tedesco originale della raccolta: *Eigensinn* è la tenacia, la caparbietà in quanto fedeltà a se stessi e ai dettami della propria specificità. L'*Eigensinn*, come ebbe a dire lo stesso Hesse nel brano (*Tenacia*, 1917) inserito in questa raccolta, è obbedienza, ma non obbedienza a leggi che sono state imposte dagli uomini. «Chi è tenace obbedisce infatti a un'altra legge, una legge particolare, assolutamente sacra, la legge che ha in se stesso... l'eroe tragico, il tenace, mostra a milioni di mediocri, di vili... che la disobbedienza nei confronti degli umani statuti, lungi dall'essere un brutale arbitrio, è al contrario fedeltà a una legge assai più alta, assai più santa... Eroico può essere soltanto il singolo che ha fatto della "coerenza interiore", della sua nobile, innata tenacia, il proprio destino» (pp. 72 sgg.). Non a caso il presente volume si apre con un brano tratto dal vasto carteggio che Hesse ebbe sempre cura di intrattenere con chiunque gli scrivesse per ottenere da lui consigli, pareri o un semplice scambio di opinioni: «Non c'è altra via che conduca al compimento e alla realizzazione di sé, se non la rappresentazione quanto più compiuta del proprio essere. "Sii te stesso" è la legge ideale, per un giovane almeno; non c'è altra via che conduca alla verità e allo sviluppo» (p. 3).

Pur non rispondendo a un ordine cronologico, i brani scelti mettono in luce una progressiva elaborazione di questo nucleo tematico lungo un arco narrativo e temporale che va dalle lettere scritte, appena quindicenne, alla famiglia fino agli scritti della piena maturità: una circolarità di motivi che dà conto dell'intima coerenza che percorre tutta la produzione hessiana. Ma mentre i brani proposti nella prima parte sembrano conservare un diretto e costante riferimento alla propria esperienza autobiografica e, in particolare, alle difficoltà incontrate nel periodo adolescenziale, successivamente l'approccio dell'autore alla tematica sfuma – per così dire – nell'elaborazione letteraria. Perde il tono aggressivo che scaturiva dall'urgenza immediata e drammatica del conflitto per assumere invece coloriture meno violente e sfociare, talvolta, nel tono disincantato e divertito della maturità (si veda a tale proposito la sottile ironia che trascorre nelle pagine della *Digressione nel nuoto*).

Nella prima parte emergono le tristi vicende giovanili: il disagio di un'adolescenza sofferta e drammatica, l'amarezza degli anni di scuola, la fuga dal seminario evangelico di Maulbronn, l'ansia di ribellione, il tentativo di suicidio, il ricovero nella casa di cura per malattie mentali di Stetten, da cui Hermann, appena quindicenne, scrisse lettere (alcune inserite nel presente volume) che colpiscono per forza e intensità espressive.

Tra i brani di maggiore rilievo è *Animo infantile* (1918-19), che, scritto nel periodo della maturità, rappresenta una testimonianza di fondamentale interesse per comprendere come lo scrittore vedesse e interpretasse il mondo della sua infanzia: un mondo familiare estremamente protettivo, ma al tempo stesso dominato da un'educazione improntata al più rigido moralismo e ai dettami di un rigoroso pietismo («Tutto odorava di severità... di padre e di Dio», p. 29). Un universo familiare dove l'interiore impulso alla trasgressione e al "peccato" come affermazione della propria individualità e infrazione all'ordine costituito si scontrava con l'acuta e angosciosa percezione della colpa e della necessità dell'espiazione («Il demone strisciava per la casa, il peccato originale mordeva il cuore, gigantesco e invisibile dietro ogni muro si nascondeva uno spirito, un padre, un giudice», p. 12). E così il disagio del bambino si indirizzava verso la figura paterna (cui peraltro fu sempre legato da un rapporto complesso e sofferto) in quanto rappresentante di valori e di un modello di vita piccolo borghesi, ovvero immagine riflessa di un super-io che Hesse rifiuterà sempre, in virtù di una fedeltà a se stesso che sarà vissuta fino alle estreme conseguenze anche da tutti i suoi personaggi letterari. Al rimorso di aver contravvenuto a una regola non si accompagna però, in *Animo infantile*, il pentimento, bensì un sentimento di profonda ribellione nei confronti della figura paterna, dalla quale però si desiderano pur sempre comprensione e affetto. In questo senso *Animo infantile* risulta davvero esemplare. Se da una parte c'è il desiderio di venire accettati dal "mondo del padre", dal lindo mondo dei valori borghesi che dà conforto e sicurezza (si rammentino a questo proposito le pagine del *Lupo della steppa*), dall'altro c'è l'attrazione magnetica verso la realtà dei compagni a esso estranei, che si fanno portatori di istanze non ancora riconosciute come parte di se stesso («Ciò che mi attirava in lui era... una certa insolente capacità di vivere, una scorza dura contro i pericoli e le umiliazioni, una familiarità con le piccole cose pratiche della vita, con il denaro, con botteghe e officine, merci e prezzi, con cucina e biancheria e cose del genere», p. 8). Sembra qui inevitabile il richiamo all'archetipo dell'"ombra" di matrice junghiana: l'incontro con la psicoanalisi fu infatti per Hesse un'esperienza fondamentale, che gli consentì di chiarire i termini della propria esperienza personale, vista sempre come "itinerante" o, in termini junghiani, come un cammino verso il Sé. Una via che passa necessariamente attraverso l'accettazione globale delle proprie tendenze, dei propri impulsi, attraverso la presa di coscienza della complementarietà di Bene e Male, di luce e ombra.

Eppure rimarrà sempre, anche nello scrittore maturo, un senso di profondo risentimento verso quel processo, sia pure inevitabile, di omologazione ai valori della cultura dominante, che trova anche in questo libro espressione nei brani tratti da *Sotto la ruota* (in anni in cui Weber scriveva *Risveglio di primavera* e Musil *I turbamenti del giovane Törless*), dove vibra la denuncia contro il rigore pedagogico della scuola, la sottile perversità dell'etica borghese, contro la *Leistungsethik* e la ruota del "meccanismo sociale" che schiaccia gli slanci interiori del fanciullo con le sue leggi morali e i suoi pregiudizi.

Tutti i personaggi di Hesse sono del resto solitari e vagabondi, individui in cammino sulla via per liberarsi dalle pastoie della morale comune e della legge imposta (come dimenticare la figura di Kubu nell'*Uomo della foresta*?), tutti sono dei ribelli, degli emarginati, dei disadattati, marcati dal "segno di Caino" che, in una sorta di trasvalutazione (*Umwertung*) dei valori, diventa «un Prometeo travisato, un rappresentante dello spirito e della libertà, punito con la proscrizione per la sua insolenza e il suo ardire» (p. 5). Ed è in questo capovolgimento dei valori che si manifesta uno degli altri motivi conduttori della prosa di Hesse: l'influenza nietzscheana, il fascino esercitato su di lui dal filosofo dell'*Übermensch*, dell'"oltreuomo", della persona che fa dell'*hinübergehen* (l'andar oltre) il compito primario della sua esistenza. A tale proposito si legga l'estratto qui riproposto del *Ritorno di Zarathustra*. Hesse immagina che Zarathustra indirizzi un messaggio alla gioventù tedesca, messaggio che è al tempo stesso dichiarazione di indipendenza, di orgogliosa solitudine, di sdegnoso ritrarsi di fronte al clamore del gregge, di superba accettazione della sofferenza come unica via per il raggiungimento e l'attuazione del proprio destino, e fiero rifiuto di quella logica che aveva portato la Germania alla catastrofe della Prima guerra mondiale.

Ed è in questa prospettiva che va inquadrato il tema del tanto discusso e criticato pacifismo hessiano, oggi tornato di grande attualità a conferma della modernità di un autore spesso troppo sbrigativamente liquidato come scrittore "disimpegnato" e rappresentante di una facile "neutralità". Gli scritti "politici" qui riportati danno invece conto della notevole complessità di motivi e del travaglio che accompagnò la sua difficile scelta della non violenza e della non militanza in anni turbati da grandi rivolgimenti. A Hesse non si può negare una notevole lucidità nell'avere individuato i pericoli autoritari cui stava andando incontro la Germania (tanto che nel 1923 decise di prendere la cittadinanza svizzera) e nell'essersi sottratto sia alla febbre nazionalistica che alle suggestioni rivoluzionarie, senza per questo approdare al disimpegno. Al contrario, dal suo rifugio a Montagnola seguì sempre con grande partecipazione le vicende politiche degli anni che precedettero la guerra. Le sue prese di posizione pacifiste si tradussero sempre in un forte impegno civile e umanitario che si fondava sulla grande utopia di "realizzare una via di salvezza interiore universalmente pacificatrice", su un antimilitarismo convinto, sulla sfiducia verso la pratica politica e sulla preferenza della "politica della coscienza" (*Politik des Gewissens*) rispetto alla coscienza politica, nella convinzione che solo il miglioramento del singolo può coerentemente comportare un progresso collettivo.

Proprio come breve premessa agli scritti politici Hesse ebbe a dire: «Se definisco "politiche" queste mie considerazioni, è sempre e soltanto tra virgolette, perché in esse di politico non c'è che l'atmosfera in cui volta per volta hanno avuto origine. E a parte questo, sono tutto fuorché politiche, dal momento che ciascuna di esse non si propone di porre il lettore di fronte alla scena del mondo e ai suoi problemi appunto politici, bensì di trascinarlo nel proprio intimo, di metterlo di fronte alla propria personalissima coscienza. Da questo punto di vista... rimarrò sempre incrollabilmente fedele alla mia idea, quella che nell'uomo, nel singolo individuo e nel suo animo, esistono ambiti intangibili dalle istanze e dai condizionamenti politici».

Ancora una volta con grande coerenza, Hesse fa della ricerca interiore, della dilatazione dell'Io, della "discesa nel proprio inconscio" il cardine di ogni suo interesse. Una strada esperita giorno per giorno e ogni giorno diversa; come dice Siddhartha: «Cercare significa: avere uno scopo. Ma trovare significa: essere libero, restare aperto, non avere scopo».

IL CORAGGIO DI OGNI GIORNO

Non c'è altra via che conduca al compimento e alla realizzazione di sé, se non la rappresentazione quanto più compiuta del proprio essere. "Sii te stesso" è la legge ideale, per un giovane almeno; non c'è altra via che conduca alla verità e allo sviluppo.

Che questo cammino sia reso impervio da innumerevoli ostacoli morali e da altri impedimenti, che il mondo preferisca vederci rassegnati e deboli anziché tenaci: da qui nasce la lotta per la vita per chiunque abbia una spiccata individualità. Perciò ciascuno deve decidere per sé solo, secondo le proprie forze e le proprie esigenze, fino a che punto sottomettersi alle convenzioni, o piuttosto sfidarle. Qualora decida di gettare al vento le convenzioni, le pretese avanzate dalla famiglia, dallo Stato, dalla società, deve sapere di farlo a proprio rischio. Non esiste una misura oggettiva del rischio che ciascuno è in grado di assumersi. Ogni eccesso, ogni superamento della propria misura dovrà essere scontato; non è consentito spingersi impunemente oltre né con l'ostinazione né con l'adattamento.

Lei non dovrebbe chiedere: «È giusto il mio modo di atteggiarmi nei confronti della vita?», perché a questo interrogativo non c'è risposta: ciascun atteggiamento è giusto come qualsiasi altro, ciascuno è un frammento di vita. Dovrebbe piuttosto chiedere: «Poiché sono come sono; poiché avverto esigenze e problemi che a tanti altri sembrano essere risparmiati, cosa devo fare per sopportare la vita, malgrado tutto, e farne, per quanto possibile, qualcosa di bello?». Se lei darà davvero ascolto alla sua voce interiore la risposta sarà press'a poco questa: «Poiché dunque sei così, non dovresti invidiare gli altri per la loro diversità né disprezzarli, non devi chiederti se il tuo modo di essere sia "giusto", bensì devi accettare la tua anima e le sue esigenze così come accetti il tuo corpo, il tuo nome, la tua origine, ecc.: come qualcosa di dato, di ineluttabile, cui bisogna dire sì e rispondere anche quando vi si opponesse il mondo intero».

Altro non so. Non conosco saggezza capace di facilitarmi la vita. La vita non è facile, mai; ma non dobbiamo chiederci se sia facile o no. Possiamo disperare della vita, e chiunque è libero di farlo, oppure dobbiamo fare come coloro che in apparenza sono sani e virtuosi, in apparenza senza problemi e senz'anima: dobbiamo cercare di considerare la nostra natura come l'unica cosa giusta, accordare alla nostra anima tutti i diritti.

Ed eccomi a dare consigli, pur senza credere, in verità, al loro valore. Li assimilerà nella misura in cui glielo consente la sua natura, né più né meno. Non siamo in grado di cambiare noi stessi. Ma siamo tanto più forti quanto più riconosciamo la vita, quanto più, nel nostro intimo, siamo in sintonia con quel che ci accade all'esterno.

Come la "conoscenza", ovvero il ridestarsi allo spirito, viene rappresentata dalla Bibbia come peccato (simboleggiato dal serpente nel Paradiso), così il divenire uomo, l'individuazione, la lotta del singolo per farsi strada fuori dalla massa verso la propria personalità sono sempre stati considerati con diffidenza dalla morale e dalla tradizione; come del resto il conflitto tra il giovane e la famiglia, tra il padre e il figlio, è cosa naturale e antichissima e tuttavia viene vissuta ogni volta da ogni padre come un'inaudita ribellione. E così a me pare che Caino, il malfattore messo al bando, il primo assassino, possa ben essere interpretato, al contrario, come un Prometeo travisato, un rappresentante dello spirito e della libertà, punito con la proscrizione per la sua insolenza e il suo ardire.

Fino a che punto una tale concezione possa essere condivisa dai teologi, o se mai sia stata compresa e approvata dagli ignoti autori dei libri di Mosè, io non me ne curo. I miti della Bibbia, come tutti i miti dell'umanità, non valgono a nulla fino a quando non osiamo interpretarli in modo personale, per noi e per i nostri tempi. Allora, però, possono assumere una grande importanza.

ANIMO INFANTILE

Talvolta operiamo, andiamo e veniamo, facciamo questo e quello e tutto è facile, lieve e, direi, senza impegno, quasi che tutto potesse anche essere diverso. E talvolta, in ore diverse, nulla è facile e senza impegno, e ogni respiro è condizionato da forze possenti, grevi di destino.

Le azioni della nostra vita che noi chiamiamo buone e di cui ci è facile raccontare sono quasi tutte di quella prima "facile" specie e le dimentichiamo facilmente. Altre, di cui ci costa fatica parlare, non le dimentichiamo più, sono in un certo senso più nostre di altre e le loro ombre ricadono lunghe su tutti i giorni della nostra esistenza.

Nella nostra casa paterna, grande e luminosa, situata in una strada piena di luce, si entrava per un alto portone e subito si era avvolti nella penombra, nella frescura umida dell'aria odorante di pietra. Un vestibolo alto e severo ci accoglieva silenziosamente, il pavimento di mattonelle di grès rosso conduceva in leggera salita verso la scala che iniziava in fondo in fondo, nella semioscurità. Migliaia di volte ero entrato da quel portone e mai avevo prestato attenzione alla porta e all'ingresso, alle mattonelle e alla scala; e tuttavia era pur sempre un passaggio in un altro mondo, nel "nostro" mondo. Il vestibolo odorava di pietra, era buio e alto, in fondo la scala conduceva dalla buia frescura alla luce, alla luminosità del benessere. Ma sempre la prima cosa era il vestibolo e la serietà greve di quella penombra: qualcosa che evocava la figura di mio padre, che parlava di dignità e di potere, di punizione e di coscienza sporca. Mille volte ci si passava ridendo. Talvolta però si entrava e subito ci si sentiva oppressi, annichiliti, si era colti dalla paura, si cercava in fretta la scala liberatrice.

Quando avevo undici anni, un giorno tornai a casa da scuola, uno di quei giorni in cui il destino sta in agguato all'angolo, in cui tanto facilmente accade qualcosa. In simili giorni ogni disordine e turbamento dell'animo pare riflettersi nel mondo che ci circonda e deformarlo. Disagio e paura ci opprimono il cuore e ne cerchiamo e troviamo le presunte cause fuori di noi, vediamo il mondo mal disposto e ovunque ci scontriamo con degli ostacoli.

Così era quel giorno. Fin dal mattino mi opprimeva – chissà perché? forse dai sogni della notte – una sensazione di cattiva coscienza, sebbene non avessi commesso nulla di speciale. Quella mattina sul volto di mio padre c'era un'espressione sofferente e piena di rimprovero, il latte della prima colazione era tiepido e non sapeva di nulla. A scuola non mi ero trovato in difficoltà, ma, una volta di più, tutto mi era apparso desolato, morto e scoraggiante, per finire poi in quella nota sensazione di impotenza e di disperazione che ci dice che il tempo è senza fine, che resteremo in eterno, un anno dopo l'altro, piccoli e impotenti, costretti in quella stupida scuola maleodorante, e che tutta la vita è odiosa e senza senso.

Oggi mi ero arrabbiato anche a causa del mio attuale amico. Da poco tempo avevo fatto amicizia con Oskar Weber, il figlio di un macchinista delle ferrovie, senza ben sapere che cosa mi attirasse verso di lui. Ultimamente si era vantato che suo padre guadagnava sette marchi al giorno e io, tirando a indovinare, avevo replicato che mio padre ne guadagnava quattordici. La cosa era cominciata perché lui si era lasciato impressionare senza fare obiezioni. Alcuni giorni dopo avevo fatto con Weber un patto e insieme avevamo dato inizio a una cassa di risparmio comune, con cui in seguito avremmo dovuto comperare una pistola. La pistola era nella vetrina di un negozio di ferramenta, un'arma massiccia e pesante con due canne bluastre d'acciaio. Weber aveva calcolato che occorreva soltanto risparmiare seriamente per qualche tempo e poi l'avremmo potuta comperare. Di denaro c'era sempre occasione di averne, a lui spesso davano dieci centesimi quando usciva, oppure una mancia, e talvolta capitava anche di trovare per la strada del denaro o oggetti di qualche valore, come ferri di cavallo o piombini o altre cose che si potevano poi vendere bene. Aveva anche versato subito una monetina da dieci centesimi nella nostra cassa comune e ciò mi aveva convinto, facendomi apparire tutto il nostro piano possibile e promettente.

Mentre quel giorno, all'ora di colazione, varcavo la soglia di casa e con l'aria fresca odorosa di cantina mi venivano incontro i cupi segni ammonitori degli ordinamenti del mondo e delle mille cose scomode e odiose della vita, i miei pensieri erano rivolti a Oskar Weber. Sentivo di non volergli bene, sebbene la sua faccia bonaria, che mi faceva pensare a quella di una lavandaia, mi fosse simpatica. Ciò che mi attirava in lui non era la sua persona, ma qualcos'altro, avrei potuto dire il suo stato sociale – era qualcosa ch'egli condivideva con quasi tutti i ragazzi della sua estrazione: una certa insolente capacità di vivere, una scorza dura contro i pericoli e le umiliazioni, una familiarità con le piccole cose pratiche della vita, con il denaro, con botteghe e officine, merci e prezzi, con cucina e biancheria e cose del genere. I ragazzi del tipo di Weber, ai quali i colpi della scuola non parevano far male e che erano amici e parenti di garzoni, vetturini e giovani operaie, nella vita si muovevano diversamente da me, più sicuri; erano per così dire più adulti, sapevano quanto guadagnava al giorno il loro babbo e senza dubbio sapevano anche molte altre cose di cui io non avevo alcuna esperienza. Ridevano di battute e barzellette che io non capivo. Soprattutto sapevano ridere in un modo che mi era proibito, in maniera rude e sporca, ma indubbiamente adulta e "virile". Non serviva a nulla essere più intelligenti e saperne di più a scuola. Non serviva a nulla essere meglio vestiti, lavati e pettinati. Al contrario, proprio queste differenze tornavano a loro vantaggio. Nel "mondo" che mi vedevo balenare davanti in una luce di penombra e di avventura, i ragazzi come Weber mi pareva potessero introdursi senza alcuna difficoltà mentre a me il "mondo" era chiuso e ogni sua porta doveva essere faticosamente conquistata con un continuo diventar grandi, andare a scuola, attraverso esami ed educazione. Naturalmente ragazzi come quelli trovavano anche ferri di cavallo e piombini per la strada, avevano un premio quando facevano le commissioni, nelle botteghe ricevevano in regalo cose d'ogni sorta e prosperavano in ogni maniera.

Sentivo oscuramente che la mia amicizia per Weber e per la sua cassa di risparmio non era altro che un appassionato desiderio di quel "mondo". In Weber non c'era per me nulla che mi fosse caro, all'infuori del suo grande segreto, in grazia del quale egli assai più di me era vicino agli adulti e viveva in un mondo senza veli, più nudo e più robusto, di quanto potessi fare io con i miei sogni e i miei desideri. E già sentivo ch'egli mi avrebbe deluso, che non sarei riuscito a strappargli il suo segreto e la magica chiave della vita.

Mi aveva appena lasciato e sapevo che ora andava a casa, grosso e pacifico, fischiettando contento, non amareggiato da alcuna nostalgia, da alcun presentimento. Quando incontrava servette o garzoni di fabbrica e li vedeva condurre la loro misteriosa esistenza, forse meravigliosa o fors'anche delittuosa, per lui ciò non era un mistero né uno straordinario segreto, non era un pericolo, nulla di eccitante o di folle, ma tutto era perfettamente naturale, noto e familiare come l'acqua per l'anatroccolo. Così stavano le cose. E io invece, io sarei sempre rimasto escluso, solo e insicuro, pieno di presentimenti ma senza alcuna certezza.

Ma quel giorno in special modo la vita non sapeva proprio di nulla, era una giornata che sapeva di lunedì, sebbene fosse sabato, puzzava di lunedì, tre volte più lunga e più noiosa degli altri giorni. E la vita era odiosa e ripugnante, bugiarda e nauseante. Gli adulti fingevano che il mondo fosse perfetto e si comportavano come fossero essi stessi dei semidei, e noi ragazzi invece nient'altro che feccia. Quei maestri! Ci si sentiva pieni di volontà e di ambizione, con coscienza e passione ci si proponeva di far bene, sia che si trattasse di imparare i verbi greci irregolari o di tenere in ordine i propri vestiti, di ubbidire ai genitori o sopportare in silenzio e con coraggio tutti i dolori e le umiliazioni – sicuro, di continuo ci si levava infiammati di sacro ardore e di pietà per dedicarsi a Dio e camminare sul sentiero ideale, nobile e puro che conduceva verso l'alto per esercitare la virtù, sopportando il male in silenzio, aiutando gli altri – ah, e ogni volta tutto restava un'intenzione, un tentativo, un breve battere d'ali! Sempre, già dopo qualche giorno, o anche solo dopo qualche ora accadeva qualcosa che non avrebbe dovuto accadere, qualcosa di penoso, conturbante e vergognoso. Sempre nel bel mezzo delle più ostinate e nobili decisioni e dei giuramenti, si ricadeva all'improvviso immancabilmente nel peccato e nelle meschinità, nelle volgarità di tutti i giorni! Perché era così, perché tanto profondamente si sentiva in cuore la bellezza e la giustezza dei buoni propositi quando invece tutta la vita (compresi gli adulti) puzzava costantemente di quotidiana volgarità e ovunque era congegnata in modo da far trionfare ciò che era sordido e volgare? Come poteva accadere che la mattina in ginocchio sul letto o la notte davanti alle candele accese ci si alleasse con sacro giuramento al bene e alla luce, appellandosi a Dio, dichiarando eterna guerra ad ogni vizio – e che poi, fors'anche solo un paio d'ore più tardi, si potesse calpestare col più nefando tradimento quello stesso giuramento e proposito, anche soltanto unendosi alla lusinga di risate o prestando ascolto a uno sciocco scherzo di compagni di scuola? Perché era così? Per gli altri era diverso? Gli eroi, i romani e i greci, i cavalieri, i primi cristiani – erano stati tutti persone diverse da me, migliori, più perfette, senza istinti cattivi, muniti di qualche qualità che a me mancava e che impediva loro di cadere quotidianamente dal cielo nella vita di tutti i giorni, dal mondo delle cose più nobili nella manchevolezza e nella miseria? Il peccato originale era forse sconosciuto a quei santi e a quegli eroi? La santità e la nobiltà dello spirito era possibile solo a pochi, rari eletti? Ma perché, se non ero un eletto, sentivo dentro di me questo innato bisogno di bellezza e di nobiltà, questa impetuosa, dolente nostalgia per la purezza, la bontà, la virtù? Non era una beffa? Era possibile nel mondo di Dio che un essere umano, un ragazzo, sentisse dentro di sé al tempo stesso tutti gli istinti più nobili e i più cattivi e dovesse soffrire e disperarsi, solo una figura buffa e infelice per il divertimento del Dio che stava a guardare? Era mai possibile? E non era allora – sì, non era allora il mondo intero una beffa del demonio, meritevole solo di sputarci sopra? Non era allora Dio un mostro, un folle, sciocco, ripugnante pagliaccio? – Ah, e mentre covavo quei pensieri con un gusto di sdegnata voluttà, già il mio cuore timoroso mi puniva col suo tremito per tanta blasfemia.

Con quanta chiarezza vedo ora, dopo trent'anni, davanti a me quelle scale con le alte finestre cieche che si aprivano contro il muro del vicino e davano così poca luce, con i gradini e i pianerottoli di abete tirati bianchi e il liscio scorrimano della ringhiera di legno vecchio, lucidato dalle mille turbinose discese! Tanto mi è lontana la giovinezza, tanto incomprensibile e fiabesca mi appare nel suo complesso, e tanto è vivo e preciso nel ricordo tutto ciò che già allora, in quella felicità, vi era di doloroso e di discordante. Già fin d'allora, nel cuore del bambino, i sentimenti erano quelli che dovevano restare per sempre: l'incertezza del proprio valore, un continuo oscillare fra l'autostima e lo scoraggiamento, fra un idealismo al di sopra delle cose del mondo e un naturale appetito dei sensi – e come allora, anche cento volte più tardi ho visto quei tratti della mia natura talvolta come una spregevole malattia, talaltra come segno di merito, in certi momenti ho la certezza che per quella strada tormentosa Dio voglia condurmi a solitarie profondità, e in altri non trovo in tutto ciò che i segni di una pietosa debolezza di carattere, una nevrosi quale migliaia di persone trascinano faticosamente nel corso della vita.

Se dovessi ricondurre tutti quei sentimenti e il loro tormentoso contrasto a un sentimento di fondo e lo volessi chiamare con un solo nome, non saprei trovare altra parola che: paura. Era paura, paura e insicurezza ciò che provavo in quelle ore della mia turbata felicità infantile: paura delle punizioni, paura della propria coscienza, paura degli impulsi del mio spirito che io allora sentivo come proibiti e peccaminosi.

Anche in quell'ora di cui racconto, mentre lungo la scala che si faceva via via sempre più luminosa mi avvicinavo alla porta a vetri, fui sopraffatto da quella sensazione di paura. Cominciava con un senso di oppressione nelle viscere che saliva piano piano fino alla gola e lì si trasformava in un'espressione di soffocamento, di nausea. Al tempo stesso in quei momenti provavo sempre, come anche ora, un penoso senso di soggezione, una diffidenza verso chiunque mi osservasse, un estremo bisogno di isolarmi, di nascondermi.

Con quella brutta, terribile sensazione, un vero sentimento di colpa, arrivai in corridoio e in salotto. Lo sentivo: oggi c'è in giro il demonio, succederà certamente qualcosa. Lo sentivo come il barometro avverte un mutamento nella pressione atmosferica, con una passività senza via di scampo. E ora era lì di nuovo, quell'indicibile sensazione! Il demone strisciava per la casa, il peccato originale mordeva il cuore, gigantesco e invisibile dietro ogni muro si nascondeva uno spirito, un padre, un giudice.

Ancora non sapevo nulla, tutto era ancora soltanto presentimento, logorante disagio. In simili situazioni spesso la cosa migliore era ammalarsi, vomitare e mettersi a letto. Allora talvolta si riusciva a uscirne senza danno, arrivava la mamma o una sorella, si prendeva il tè e ci si sentiva avvolti da cure affettuose e si poteva piangere o dormire, per risvegliarsi poi sani e contenti in un mondo completamente trasformato, redento e luminoso.

Mia madre non era in salotto e in cucina c'era solo la donna di servizio. Decisi di salire da mio padre, al cui studio si arrivava per una stretta scaletta. Anche se lo temevo, talvolta faceva bene rivolgersi a colui dal quale tanto ci si doveva far perdonare. Con la mamma era più facile e semplice trovare conforto: ma il conforto che veniva dal babbo aveva maggior valore, significava mettersi in pace con la giustizia, era una riconciliazione e una nuova alleanza con le forze del bene. Dopo brutte scene, interrogatori, confessioni e punizioni spesso ero uscito dalla stanza del babbo buono e pulito, punito, è vero, e ammonito, ma pieno di nuovi propositi, rafforzato contro l'ostilità del male dall'alleanza con i potenti. Decisi di cercare mio padre e di dirgli che mi sentivo male.

Così salii la scaletta che conduceva nel suo studio. Quella scaletta col suo particolare odore di tappezzeria e il suono secco degli scalini di legno vuoti e sottili era, assai più del vestibolo, una strada importante, un passaggio carico di destino; su per quegli scalini mi avevano condotto molte importanti occasioni, centinaia di volte ci avevo portato la paura e i tormenti della coscienza, furia e ostinazione, e non di rado avevo riportato indietro serenità e nuova sicurezza. Sotto, nell'appartamento, stavano la madre e il bambino, laggiù soffiava aria d'innocenza; qui sopra albergavano potere e spirito, questo era tempio e tribunale, il "regno del padre".

Un po' oppresso come sempre abbassai l'antiquata maniglia e aprii a metà la porta. L'odore dello studio paterno mi venne incontro noto, consueto; odor di libri e di inchiostro, alleggerito dall'aria azzurra che veniva da finestre semiaperte, tende candide, un filo perduto di profumo di acqua di Colonia e sulla scrivania una mela. – Ma la stanza era vuota.

Entrai con una sensazione a metà di delusione e a metà di sollievo. Attutii il passo e avanzai camminando in punta di piedi, come talvolta si doveva fare quassù quando papà dormiva o aveva mal di testa. E appena mi accorsi di camminare piano mi venne il batticuore e sentii più forte l'oppressione angosciosa che mi stringeva le viscere e la gola. Andai avanti strisciando impaurito, un passo e un altro passo ancora, e già non ero più un innocente visitatore, un postulante, ma piuttosto un intruso. Altre volte mi ero introdotto nelle sue due stanze durante la sua assenza, avevo origliato, esplorato il suo regno segreto e due volte avevo anche portato via qualche cosa.

Quel ricordo mi fu presto addosso, sopraffacendomi, e subito seppi: ora sarebbe accaduto il guaio, ora doveva accadere qualcosa, ora avrei fatto qualcosa di proibito, di cattivo. Non pensai neppure di fuggire! Pensavo sì con desiderio e fervore a scappar via, giù di corsa per la scala e in fretta in camera mia o in giardino – ma sapevo che non lo avrei fatto, non avrei potuto farlo. Con tutto il cuore desideravo che mio padre si muovesse nella stanza accanto ed entrasse e spezzasse con la sua presenza quell'orrendo incantesimo che mi teneva con forza demoniaca, mi legava. Oh, se fosse venuto, se fosse venuto anche per sgridarmi, purché venisse prima che fosse troppo tardi.

Tossii per annunciare la mia presenza e quando non ebbi risposta chiamai a voce bassa: «Papà!». Tutto rimase in silenzio, i molti libri tacevano alle pareti, un battente della finestra si muoveva leggermente nel vento gettando un frettoloso gioco di sole sul pavimento. Nessuno veniva a salvarmi, e in me non c'era la libertà di fare che ciò che voleva il demonio. Il senso della colpa mi chiudeva lo stomaco e mi gelava la punta delle dita, il cuore mi batteva colmo di paura. E ancora non sapevo che cosa avrei fatto! Sapevo soltanto che sarebbe stato qualcosa di male.

Ora ero vicino alla scrivania, presi in mano un libro e lessi un titolo in inglese che non compresi. Lo odiavo l'inglese – mio padre lo parlava sempre con la mamma quando noi non dovevamo capire e anche quando litigavano. In una coppa c'erano tante piccole cose, stuzzicadenti, graffette d'acciaio, spilli. Presi due graffette e me le misi in tasca. Dio sa perché, non ne avevo bisogno e non me ne mancavano certo. Lo feci soltanto per seguire quella sorta di costrizione che quasi mi soffocava, la costrizione a fare qualcosa di male, vidi sulla scrivania una lettera appena cominciata e lessi le parole: "noi e i bambini, grazie a Dio, stiamo bene", e le lettere latine della sua calligrafia mi guardavano come degli occhi.

Poi di soppiatto, a passo leggero andai nella sua camera da letto. Lì c'era il lettino da campo di mio padre, di ferro, sotto c'erano le sue pantofole da casa, sul comodino era posato un fazzoletto. Respirai l'aria paterna nella chiara frescura della stanza e l'immagine di mio padre mi si levò dinanzi distintamente; nel mio cuore pesante lottavano rispetto e ribellione. Per qualche minuto lo odiai e con cattiveria, con gioia maligna ricordai come talvolta, nei giorni di mal di testa, egli se ne stava steso sul suo basso lettino da campo, immobile, un panno bagnato sulla fronte, sospirando di quando in quando. Intuivo bene che anche lui, il potente, non doveva avere una vita facile, anche a lui, l'uomo importante oggetto della mia venerazione, non dovevano essere ignoti il dubbio e il timore. E già il mio strano rancore era svanito e compassione e commozione lo seguivano. Ma nel frattempo avevo aperto un tiretto del cassettone. Dentro, ben allineata, vi era della biancheria e una bottiglia dell'acqua di Colonia che egli prediligeva; avrei voluto annusarla, ma la bottiglia non era ancora stata aperta ed era ben tappata. La rimisi al suo posto. Accanto trovai una scatoletta tonda di pastiglie per la tosse che sapevano di liquerizia, ne misi in bocca qualcuna. Provai un certo senso di delusione, un disinganno ma al tempo stesso ero contento di non aver trovato né preso di più.

Mentre stavo per rinunciare e andarmene, aprii per gioco un altro cassetto, sentendomi già un po' più sollevato e con il proposito di rimettere poi al loro posto, nella stanza accanto, le graffette che avevo rubato. Forse tornare indietro era possibile, erano possibili pentimento, riparazione, ravvedimento. Forse la mano di Dio su di me era più forte di tutte le tentazioni...

In quell'istante gettai un rapido sguardo nello spiraglio del cassetto aperto. Oh, ci fossero stati calzini o camicie o vecchi giornali! Ma lì c'era solo la tentazione e con la rapidità del lampo ritornò lo spasimo che si era appena allentato e con esso l'incantesimo della paura, le mani cominciarono a tremarmi mentre il cuore mi batteva furiosamente. In una ciotola indiana o comunque esotica di rafia intrecciata vidi qualcosa di sorprendente, invitante, un'intera collana di fichi secchi imbiancati da una velatura di zucchero!

La presi in mano, era meravigliosamente pesante. Poi ne tolsi due, tre fichi, ne misi uno in bocca e altri in tasca. Tutte le paure e l'avventura non erano dunque state vane. Di qui non potevo più portare via alcun conforto, alcuna redenzione, ma allora volevo almeno non andarmene a mani vuote. Staccai altri tre, quattro fichi dall'anello che ne fu appena alleggerito e poi qualcuno ancora e quando ne ebbi colme le tasche e più della metà della collana fu sparita, riaccomodai i fichi rimasti un po' più sciolti intorno alla collana leggermente appiccicosa, così che pareva ne mancassero di meno. Poi, colto da un improvviso spavento, richiusi di colpo il cassetto e corsi via, traversai le due stanze, giù per la scaletta e in camera mia, dove mi fermai appoggiandomi al mio piccolo scrittoio con le ginocchia che mi si piegavano, lottando per riprendere fiato.

Poco dopo suonò la campana del pranzo. Con la testa vuota, pieno di nausea e di colpo ritornato alla realtà, cacciai i fichi nello scaffale della libreria, li nascosi dietro i libri e andai a tavola. Davanti alla porta della sala da pranzo mi accorsi di avere le mani appiccicose. Le lavai in cucina. In sala trovai tutti già in attesa intorno alla tavola. Diedi in fretta il buongiorno, papà recitò la preghiera e io mi chinai sulla mia minestra. Non avevo fame e ogni boccone mi costava fatica. E accanto a me sedevano le mie sorelle di fronte ai genitori, limpide e allegre e senza vergogna, solo io misero delinquente in mezzo a loro, solo e indegno, intimorito da ogni sguardo affettuoso, il gusto dei fichi ancora in bocca. Di sopra avevo richiuso la porta della camera da letto? E il cassetto?

Ora cominciava la tortura. Mi sarei fatto tagliare le mani se con ciò i fichi avessero potuto tornare al loro posto nel cassetto. Decisi di gettarli via, di portarli a scuola e regalarli. Liberarmene, non doverli più rivedere!

«Hai una brutta cera, oggi» disse mio padre dall'altro capo della tavola. Io tenni gli occhi nel piatto sentendomi i suoi sguardi sul viso. Ora se ne sarebbe accorto. Si accorgeva di tutto, sempre. Perché si divertiva prima a tormentarmi? Sarebbe stato meglio se mi avesse cacciato via subito, per conto mio avrebbe potuto anche uccidermi.

«Non ti senti bene?» udii di nuovo la sua voce. Mentii, dissi di avere mal di capo.

«Allora dopo il pranzo dovresti riposarti un momento» disse. «Quante ore avete nel pomeriggio?»

«Solo ginnastica.»

«Be', far ginnastica non ti farà male. Ma ora mangia, sforzati un pochino. Vedrai, passerà.»

Lo guardai in tralice. La mamma non disse nulla, ma sapevo che mi stava osservando. Buttai giù la minestra, lottai con la carne e la verdura, mi versai due volte dell'acqua. Non accadde null'altro. Mi lasciavano in pace. Quando alla fine del pasto mio padre recitò la preghiera di ringraziamento: «Signore, ti ringraziamo perché sei buono e la tua bontà dura in eterno», di nuovo un taglio netto mi divise da quelle luminose parole di fede e da tutti coloro che sedevano intorno alla tavola; le mie mani giunte erano menzogna, e il mio contegno devoto era blasfemo.

Quando mi alzai, la mamma mi carezzò i capelli e mi posò per un momento la mano sulla fronte, per sentire se ero caldo. Come tutto ciò era amaro!

Nella mia cameretta mi fermai davanti allo scaffale dei libri. Il mattino non aveva mentito, tutti i segni premonitori avevano avuto ragione. Era una giornata disgraziata, la peggiore che avessi mai conosciuto. Peggio di così nessun essere umano poteva sopportare. Se fosse accaduto qualcosa di ancor peggiore, bisognava togliersi la vita. Bisognava avere del veleno, quella era la cosa migliore, oppure impiccarsi. Del resto era meglio essere morti che vivi. Ero tutto così brutto e sbagliato. Me ne stavo lì e riflettevo e distrattamente allungai la mano verso i fichi nascosti e ne mangiai uno, parecchi, senza neppure rendermene bene conto.

Mi cadde sotto gli occhi la nostra cassetta di risparmio, era sullo scaffale, sotto i libri. Era una scatola da sigari che io avevo saldamente inchiodato; e nel coperchio avevo inciso con un temperino un grosso taglio maldestro, per farci passare le monete. Il taglio era fatto male e ne uscivano schegge di legno. Neppure questo sapevo far bene. Avevo dei compagni capaci di fare queste cose con gran cura e pazienza, in modo impeccabile, così che il lavoro pareva poi fatto da un falegname. Io invece pasticciavo sempre, avevo fretta e non facevo mai una cosa finita bene fino in fondo. Era così per i miei lavori di intagli e per la mia calligrafia e per i disegni, era così per la mia collezione di farfalle e per tutto quanto. Non sapevo fare niente di buono. E ora me ne stavo lì e avevo rubato, peggio che mai. Anche le graffette metalliche le avevo ancora in tasca. A che scopo? Perché le avevo prese – avevo dovuto prenderle? Perché ci si sentiva costretti a far ciò che non si voleva?

Nella scatola da sigari tintinnava una sola moneta, il dieci centesimi di Oskar Weber. Da allora non vi si era aggiunto nulla. Anche quella storia della cassetta di risparmio era una delle mie imprese! Tutto ciò a cui mettevo mano non approdava a nulla, andava storto e si arrestava all'inizio! Che il diavolo se la portasse quella cassetta di risparmio! Io non ne volevo più sapere.

In giorni come quelli l'ora fra il pranzo e l'inizio della

scuola era sempre un momento critico, difficile da superare. Nelle giornate buone, serene, tranquille, era un'ora bella, desiderata; o me ne stavo nella mia stanza a leggere storie di pellerossa oppure subito dopo il pranzo tornavo di corsa a scuola dove trovavo sempre dei compagni che avevano voglia di far qualcosa e allora giocavamo; correndo e gridando ci scaldavamo fino a quando il suono della campana ci riportava nella "realtà" completamente dimenticata. Ma in giorni come oggi – con chi si sarebbe potuto giocare e come far tacere i demoni che ci si sentiva nel petto? Me lo vedevo davanti – non oggi ancora, ma una prossima volta, forse presto. Un giorno la mia sorte si sarebbe compiuta. Non ci mancava più altro che una piccolezza, una infinitesimale porzione ancora di paura, di sofferenza e di smarrimento e la misura sarebbe traboccata e la cosa sarebbe finita, con sgomento e terrore. Un giorno, proprio un giorno come oggi sarei caduto completamente in preda al male, per rabbia e ostinazione, per l'insopportabile assurdità di questa vita avrei fatto qualcosa di orribile e di decisivo, qualcosa di orribile ma di liberatorio, che avrebbe posto fine alle paure e al tormento, una volta per sempre. Non era ancora chiaro che cosa sarebbe stato; ma fantasie e passeggere ossessioni mi erano già più volte passate confusamente per la testa, visioni di colpe con cui mi sarei vendicato del mondo e al tempo stesso mi sarei autodistrutto. Talvolta pensavo che avrei dato fuoco alla nostra casa; vedevo fiamme mostruose levarsi come ali alte nella notte, case e strade erano raggiunte dall'incendio e l'intera città era una gigantesca fiammata contro il cielo nero. In altri momenti invece la colpa dei miei sogni era una vendetta contro mio padre, un assassinio, un feroce colpo mortale. Ma io poi mi sarei comportato come quel delinquente, quell'unico vero delinquente che avevo visto una volta portar via per le strade della nostra città. Era uno scassinatore che avevano preso e condotto in tribunale, con le manette ai polsi, una bombetta di sghembo in testa, una guardia davanti e una di dietro. Quell'uomo, trascinato per le strade attraverso un'enorme folla di curiosi, passando accanto a mille imprecazioni, scherzi feroci e parole di malaugurio, quell'uomo non somigliava per nulla a quei piccoli poveri diavoli che di tanto in tanto si vedevano accompagnati per la strada dai poliziotti e che per lo più erano solo dei poveri garzoni che avevano chiesto la carità. No, quello non era un povero garzone e non aveva l'aria sventata, timida e piagnucolosa, né si rifugiava in un largo sorriso fra lo sciocco e l'imbarazzato, come già mi era capitato di vedere – no, quello era un vero delinquente e portava con audacia il suo cappello un po' ammaccato su un cranio eretto, ostinato, era pallido e sorrideva con silenzioso disprezzo e il popolino che imprecava contro di lui e gli sputava addosso accanto a lui diventava plebaglia. Quella volta anch'io avevo gridato: «Lo hanno preso, bisogna impiccarlo!», ma poi avevo visto il suo passo dritto e fiero, il gesto con cui teneva tese davanti a sé le mani incatenate e portava sulla testa cattiva e cocciuta quella bombetta come una fantastica corona – e sorrideva! e allora tacqui. Ma come quel delinquente anch'io avrei taciuto e avrei tenuto il capo eretto quando mi avessero portato in tribunale e poi al patibolo e quando la folla mi si fosse premuta intorno gridando di scherno – non avrei detto né sì né no, avrei semplicemente taciuto con disprezzo.

E quando fossi stato giustiziato e una volta morto fossi giunto in cielo davanti al giudice supremo, anche lì non avrei affatto voluto inchinarmi e sottomettermi, oh no, neppure se tutte le schiere degli angeli gli stessero intorno e da lui irradiasse ogni dignità e santità! Che mi condannasse alla dannazione, che mi lasciasse cuocere nella pece. Non mi volevo scusare, umiliarmi, non volevo chiedergli perdono, non volevo pentirmi di nulla! Quando mi avesse domandato: «Hai fatto questo e quest'altro?», gli avrei gridato: «Sicuro che l'ho fatto, e anche di più, ed era giusto che lo facessi e se posso lo rifarò ancora. Ho ucciso, ho incendiato case perché mi divertiva e perché ti volevo schernire e provocare la tua ira. Sicuro, e ti odio, sputo davanti ai tuoi piedi, Signore Iddio. Tu mi hai oppresso e angariato, tu mi hai imposto leggi cui nessuno può attenersi, tu hai aizzato gli adulti a rovinare la vita di noi ragazzi».

Quando riuscivo a immaginarmi tutto questo con chiarezza e a credere fermamente che sarei riuscito a parlare e ad agire veramente così, allora per qualche istante mi sentivo cupamente soddisfatto. Ma subito tornavano i dubbi. Non sarei stato colto dalla debolezza, non mi sarei lasciato intimidire, non avrei ceduto? Oppure, se anche facevo tutto ciò che era nella mia ostinata, ribelle volontà – Dio non avrebbe trovato una via d'uscita, una superiorità, un inganno, come sempre riuscivano a fare gli adulti e i potenti, per avere alla fine ancora un vantaggio dalla sua, per arrivare ancora una volta a farmi vergognare, a non prendermi sul serio, a umiliarmi sotto la maledetta maschera della benevolenza? Ah, certo che sarebbe finita così.

Le mie fantasie andavano su e giù, facevano vincere la partita un po' a me un po' al buon Dio, mi elevavano a incallito delinquente e poi mi riportavano a essere debole e bambino.

Stavo alla finestra e guardavo giù nel cortiletto della casa accanto, dove appoggiate al muro c'erano le stanghe di un'impalcatura e in un minuscolo orticello inverdivano un paio di aiuole di verdura. D'improvviso nel silenzio del primo pomeriggio udii risuonare, chiari e concreti nel mezzo delle mie visioni, dei rintocchi di campane, un colpo severo e un altro ancora. Erano le due e dalle mie angosciose fantasie con un sussulto tornai alla realtà. Ora cominciava la nostra lezione di ginnastica e anche se avessi avuto ali magiche e d'un sol colpo mi fossi precipitato in volo nella palestra, sarei comunque arrivato in ritardo. Ancora sfortuna! Ciò avrebbe portato dopodomani a un richiamo, rimproveri e castigo. Meglio non andarci più del tutto, ormai non c'era più nulla da salvare. Forse con una buona scusa, molto ben trovata e credibile – ma in quel momento non me ne sarebbe venuta in mente nessuna, per quanto magnificamente i nostri maestri mi avessero educato a mentire; ora non ero in grado di mentire, di inventare, di costruire. Meglio era non andarci del tutto, saltare l'ora intera. Che importanza poteva avere se alla mia grande disgrazia se ne aggiungeva ora una minore!

Ma il batter delle ore mi aveva risvegliato, aveva paralizzato i giochi della mia fantasia. Improvvisamente mi sentivo molto debole, la mia camera mi guardava come qualcosa di irreale; il tavolo, i quadri, il letto, la libreria, tutto era carico di severa realtà, tutti richiami del mondo nel quale bisognava vivere e che oggi ancora una volta mi si era fatto tanto ostile e pericoloso. Come? Non avevo mancato alla lezione di ginnastica? E non avevo rubato, miserevolmente rubato quei maledetti fichi e non li avevo nascosti nello scaffale dei libri, quelli che non avevo ancora mangiato? Che cosa me ne importava ora del delinquente, del buon Dio e del giudizio universale? Tutto ciò sarebbe pur venuto a suo tempo – ma ora – in quel momento era tutto molto lontano, erano stupidaggini, nient'altro. Avevo rubato e a ogni istante la mia colpa poteva venir scoperta. Forse il momento era già venuto, forse mio padre aveva già aperto il cassetto e stava ora di fronte alla mia infamia, offeso e irato e rifletteva in qual maniera avrebbe dovuto farmi il processo. Ah, probabilmente era già in cammino per venire da me e, se non scappavo subito, fra un minuto avrei avuto davanti a me il suo volto serio con gli occhiali. Perché egli naturalmente avrebbe subito saputo che ero io il ladro. All'infuori di me in casa nostra non c'erano ladri, le mie sorelle non facevano mai cose simili,

Dio sa perché. Ma per quale ragione poi mio padre aveva bisogna di tener collane di fichi nascoste nel cassettone?

Avevo già lasciato la mia camera e me n'ero andato passando dalla porta posteriore e dal giardino. I giardini e i prati erano immersi nel sole, sopra i sentieri volavano farfalle giallo limone. Ora tutto mi appariva brutto e minaccioso, molto peggio che al mattino. Oh, la conoscevo questa sensazione e pure mi pareva di non averla mai sentita così torturante: tutto mi guardava in piena naturalezza e nella pace della coscienza, città e campanile, prati e sentieri, fiori del prato e farfalle, e tutto era così bello e lieto, ciò che altrimenti si vedeva con gioia ora mi era estraneo e lontano e stregato. Lo conoscevo, sapevo bene com'era correre per contrade familiari in preda al tormento della coscienza! Anche la farfalla più rara avrebbe potuto volare sul prato e fermarsi ai miei piedi – non voleva dir nulla, non mi faceva piacere, non mi esaltava, non mi consolava. In quel momento anche il più splendido ciliegio avrebbe potuto offrirmisi con i suoi rami carichi – non importava nulla, non dava nessuna gioia. Per me non c'era che fuggire, fuggire davanti a mio padre, davanti alla punizione, fuggire da me stesso, dalla mia coscienza, fuggire e restare nell'inquietudine, fino a quando fosse poi ugualmente accaduto ciò che inesorabilmente e fatalmente doveva accadere.

Correvo senza fermarmi, senza trovare pace, salii di corsa su fino al bosco e poi dal querceto giù fino al mulino, sopra un ponticello e di nuovo su dall'altra parte, attraverso i boschi. Qui avevamo messo le tende l'ultima volta che avevamo giocato ai pellerossa. Qui l'anno scorso, quando papà era in viaggio, la mamma aveva festeggiato con noi bambini la Pasqua nascondendo per noi le uova nel bosco e nel muschio. Qui con i miei cugini una volta durante le vacanze avevo costruito una fortezza di cui metà era ancora in piedi. Ovunque segni del passato, ovunque riflessi dai quali mi guardava un altro, diverso da quello che ero oggi! Ero stato io quello? Così allegro, così soddisfatto, così grato, così cameratesco, così tenero con la mamma, così privo di paura, così inspiegabilmente felice? Ero stato proprio io? E come avevo potuto diventare come ero ora, così diverso, così cattivo, così pieno di paura, così sconvolto? Tutto era come prima, bosco e torrente, felci e fiori, fortezza e formicai, eppure tutto pareva avvelenato e rovinato. Non c'era modo di tornare indietro, là dov'erano felicità e innocenza? Non poteva più tornare a essere ciò che era stato? Sarei mai riuscito a ridere ancora e a giocare con le mie sorelle, a cercare le uova pasquali?

Correvo e correvo, il sudore sulla fronte, e dietro di me correva la colpa e, grande ed enorme, correva l'ombra di mio padre, l'inseguitore.

Strade e viali mi scorrevano davanti, si inabissavano i margini dei boschi. Su un'altura mi arrestai, fuori dal sentiero, gettato nell'erba, con il cuore che batteva forte, e questo poteva venire dal correre in salita e forse presto si sarebbe calmato. Sotto di me vedevo la città e il fiume, vedevo la palestra dove ora era terminata la lezione di ginnastica e i ragazzi se ne andavano ciascuno per la propria strada, vedevo il tetto lungo della mia casa paterna. Là c'era la stanza da letto di mio padre e il cassetto in cui mancavano i fichi. Là c'era la mia cameretta. Là, quando fossi tornato, mi sarebbe venuta incontro la giustizia. – Ma se non fossi tornato?

Sapevo che sarei tornato. Alla fine si torna sempre indietro, ogni volta. Finiva sempre così. Non si poteva andar via, non si poteva fuggire in Africa o a Berlino. Si era piccoli, non si aveva denaro, nessuno ci aiutava. Ah, se tutti i bambini si mettessero insieme e si aiutassero a vicenda! Erano molti, c'erano più bambini che genitori. Ma non tutti i bambini erano ladri e delinquenti. Pochi erano come me. Forse ero l'unico. Ma no, sapevo che spesso accadevano cose come quella che avevo fatto io – un mio zio da bambino aveva anche lui rubato e fatto molte brutte cose, lo avevo sentito non so quando, da un discorso dei miei genitori, origliando furtivamente, come si doveva fare sempre per sapere le cose che valeva la pena sapere. Ma questo non mi serviva a nulla, e anche se quello zio in persona fosse stato lì, neppure lui avrebbe saputo aiutarmi. Ora era grande, era diventato pastore e avrebbe tenuto dalla parte degli adulti, piantandomi in asso. Erano tutti così. Contro noi bambini erano tutti in qualche modo falsi e bugiardi. Recitavano una parte, si fingevano diversi da come erano in realtà. La mamma forse no, o meno.

Già, e se ora non fossi più tornato? Poteva sempre accadere qualcosa, potevo rompermi l'osso del collo o affogare o finire sotto il treno. Allora tutto sarebbe stato diverso. Allora mi avrebbero portato a casa e tutto sarebbe stato silenzio e sgomento e tutti avrebbero pianto e dei fichi nessuno avrebbe più parlato.

Sapevo benissimo che ci si può togliere la vita. Pensavo anche che certo un giorno lo avrei fatto, più tardi, quando a un certo momento tutto fosse andato molto, molto male. Bello sarebbe stato ammalarsi, ma non soltanto con la tosse, di una vera malattia grave, come quando avevo avuto la scarlattina.

Nel frattempo l'ora di ginnastica era finita da un pezzo ed era passata anche l'ora in cui mi aspettavano a casa per la merenda. Forse ora mi stavano cercando e chiamando, in camera mia, in giardino e in cortile, in soffitta. Ma se mio padre aveva già scoperto il mio furto non mi avrebbero cercato, lui avrebbe saputo come stavano le cose.

Non potevo restar lì disteso più a lungo. La sorte non mi dimenticava, mi stava alle calcagna. Ripresi a camminare. Arrivai a una panchina dei giardini alla quale mi legava un ricordo, un altro ricordo che un tempo era stato bello e caro e ora bruciava come il fuoco. Mio padre mi aveva regalato un temperino, eravamo andati insieme a passeggio, contenti e in pace, ed egli si era seduto su quella panchina, mentre io nei cespugli volevo ritagliarmi un lungo bastone da un ramo di nocciolo. Ma nell'entusiasmo avevo spezzato la lama del coltello nuovo, proprio vicino all'impugnatura ed ero tornato spaventato; dapprima avrei voluto nasconderlo, ma subito egli mi aveva domandato che cosa era accaduto. Ero molto infelice per via del coltello e perché mi aspettavo parole di rimprovero. Ma mio padre aveva soltanto sorriso, mi aveva sfiorato leggermente la spalla e aveva detto: «Che peccato, povero figliolo!». Come lo avevo amato in quel momento, come lo avevo segretamente adorato. E ora, se pensavo alla faccia che mio padre aveva fatto allora, alla sua voce, alla sua compassione – che razza di mostro ero mai per aver così spesso addolorato quel padre, per avergli mentito, e oggi lo avevo persino derubato!

Quando ritornai in città e fui sul ponte, lontano da casa nostra, era già sceso il crepuscolo. Da un negozio, dietro la cui porta a vetri brillava ancora la luce, venne fuori correndo un ragazzo, si fermò all'improvviso e mi chiamò per nome. Era Oskar Weber. In quel momento nessun incontro poteva essermi più sgradito. Tuttavia da lui venni a sapere che il maestro non si era accorto della mia assenza all'ora di ginnastica. Ma dove ero stato?

«Ah, da nessuna parte,» risposi «non stavo tanto bene.»

Ero silenzioso e scostante e quando dopo un momento, che trovai vergognosamente lungo, egli finalmente si accorse che la sua presenza mi infastidiva, si arrabbiò.

«Lasciami in pace,» dissi freddamente «posso andare a casa da solo.»

«Ah, davvero?» gridò lui allora. «Anch'io posso altrettanto bene andare da solo, stupido che non sei altro! Non sono mica il tuo cagnolino, se lo vuoi sapere. Ma prima vorrei però sapere come stanno le cose con la nostra cassa di risparmio. Io ci ho messo una moneta da dieci centesimi e tu invece nulla.»

«La tua moneta la puoi riavere, anche oggi stesso, se hai paura di perderla. Purché non ti debba più vedere. Come se potessi mai accettare qualcosa da te!»

«Ma l'altro giorno l'hai presa volentieri!» esclamò lui con fare ironico, ma non senza lasciare aperto uno spiraglio a una riconciliazione.

Ma io mi ero scaldato e incattivito, tutta la paura e lo smarrimento che si erano accumulati in me esplosero in un'ira furiosa. Weber non aveva proprio niente da dirmi! Contro di lui ero io ad avere ragione, nei suoi confronti avevo la coscienza pulita. E avevo bisogno di qualcuno con cui poter essere orgoglioso, sentirmi nel giusto. Tutta la cupa rabbia e quel disordine ch'era nei miei sentimenti straripò furiosamente in quella via d'uscita. Feci ciò che di solito evitavo tanto accuratamente di fare, misi fuori le mie arie di ragazzino ricco di buona famiglia, gli feci capire che per me non era una privazione rinunciare all'amicizia di un ragazzo di strada. Gli dissi che ora lui aveva finito di mangiar le more nel nostro giardino e di giocare con i miei giocattoli. Mi sentivo bruciare ed ero tutto rianimato: avevo un nemico, un avversario, un colpevole con il quale potevo prendermela. Tutti i miei impulsi vitali si raccolsero in quell'ira liberatoria, benvenuta, in quella gioia rabbiosa di fronte al nemico che questa volta non era dentro di me, ma mi stava di fronte, mi fissava con occhi cattivi e spaventati; udivo la sua voce, disprezzavo i suoi rimproveri, potevo battere con le mie le sue insolenze.

In un battibecco che si andava via via gonfiando, scendemmo lungo la strada buia, vicinissimi l'uno all'altro; di tanto in tanto da una porta qualcuno ci guardava. E tutta l'ira e il disprezzo che provavo contro me stesso si riversarono sul povero Weber. Quand'egli cominciò a minacciare di denunciarmi al maestro di ginnastica, ne fui deliziato: si metteva dalla parte del torto, diventava vigliacco, mi dava nuova forza.

Quando, vicino alla Metzgergasse, venimmo alle mani, subito un paio di persone si fermarono e rimasero a guardarci. Ci colpivamo allo stomaco e in faccia e ci davamo dei calci. Per qualche istante avevo ora dimenticato ogni cosa, avevo ragione, non ero un delinquente, l'ebbrezza della lotta mi rendeva felice, e anche se Weber era più forte di me, io in compenso ero più agile, più veloce, più eccitato. Ci scaldammo e ci colpimmo con violenza, infuriati. Quand'egli con una presa disperata mi strappò il colletto, sentii con delizia l'aria fredda scorrermi sulla pelle infuocata.

E picchiando, strappando e scalciando, lottando e stringendoci alla gola, non la smettevamo di buttarci addosso parole cattive, di offenderci e distruggerci con parole sempre più infuocate, più sciocche e cattive, sempre più fantasiose e poetiche. E anche in questo gli ero superiore, ero più cattivo, più poetico, più fantasioso. Lui diceva cane, io replicavo porco, lui gridava mascalzone, io rispondevo Satana. Eravamo entrambi sanguinanti, ma non sentivamo nulla e intanto le nostre parole accumulavano malaugurio e maligno incantesimo, mentre ci raccomandavamo reciprocamente per il patibolo e desideravamo un coltello per cacciarcelo a vicenda fra le costole e rigirarvelo, ciascuno insultando il nome, la nascita e il padre dell'altro.

Fu la prima e l'unica volta che io combattei fino in fondo una simile battaglia in una totale ebbrezza guerriera, con tutti i colpi, le crudeltà, tutte le imprecazioni. Simili scene le avevo viste spesso e avevo ascoltato con feroce soddisfazione quelle imprecazioni e quegli oltraggi volgari, primitivi; ora ero io stesso a buttarli fuori, come se ci fossi abituato fin da piccolo e fossi esercitato nel loro uso. Le lacrime mi scendevano dagli occhi e il sangue dalla bocca. Ma il mondo era davvero meraviglioso, aveva un senso, era bello vivere, picchiare, faceva bene sanguinare e far sanguinare.

Mai più, nel ricordo, sono riuscito a ritrovare la fine di quella lotta. A un certo punto era finita, a un certo punto mi ritrovai solo nel silenzio e nell'oscurità, riconobbi l'angolo di una strada, ero vicino a casa mia. Lentamente l'ebbrezza si dileguò, lentamente il tuono e il fragore d'ali cessarono e la realtà si fece strada a poco a poco nei miei sensi, da principio soltanto davanti agli occhi. Ecco la fontana. Il ponte. Sangue sulla mano, abiti strappati, calze scivolate giù, un dolore al ginocchio, un altro a un occhio, il berretto non l'avevo più. D'improvviso ero terribilmente stanco, sentii le ginocchia e le braccia che mi tremavano, cercai con la mano il muro di una casa.

Ed ecco la nostra casa. Dio sia lodato! Non sapevo più nulla al mondo, altro che laggiù vi era rifugio, pace, luce, protezione. Con un sospiro di sollievo aprii il pesante portone.

Ma lì con il profumo e l'umida frescura della pietra, il ricordo mi sommerse nuovamente, cento volte più forte. O Dio! Tutto odorava di severità, di legge, di responsabilità, di padre e di Dio. Avevo rubato. Non ero un eroe ferito che torna dalla battaglia. Non ero un povero bambino che ritrova la strada di casa e viene avvolto dalla mamma nel calore e nella compassione. Ero un ladro, un delinquente. Lì per me non c'era rifugio, letto e sonno, non cibo e cure, non conforto e oblio. Ciò che mi aspettava erano colpa e castigo.

In quel momento nel buio notturno del vestibolo e delle scale, di cui a fatica salivo i gradini, respirai, così credetti, per la prima volta in vita mia per alcuni istanti il freddo etere, la solitudine, il destino. Non vedevo via d'uscita, non avevo progetti, non avevo più neppure paura, nient'altro che il freddo, gelido pensiero: "Dev'essere così". Reggendomi alla ringhiera mi trascinai su per le scale. Davanti alla porta a vetri provai una gran voglia di sedermi un momento sui gradini, di respirare, avere un attimo di pace. Non lo feci, non aveva senso. Dovevo entrare. Al momento di aprire la porta mi venne in mente: che ora poteva essere?

Entrai in sala da pranzo. Tutti sedevano intorno alla tavola e avevano appena finito di mangiare, sul tavolo c'era ancora un piatto di mele. Erano circa le otto. Mai senza permesso ero tornato a casa così tardi, mai ero mancato all'ora di cena.

«Dio sia lodato, eccoti qui!» esclamò mia madre vivacemente. Vidi che era stata in pena per me. Mi corse incontro e si arrestò spaventata, quando vide la mia faccia e i vestiti sporchi e strappati. Io non dissi nulla e non guardai in viso nessuno, ma avvertii chiaramente che il papà e la mamma si scambiavano delle occhiate. Mio padre tacque, dominandosi; ma sentivo quanto era infuriato. La mamma si occupò di me, mi lavò il viso e le mani, mi mise dei cerotti e infine mi fu dato da mangiare. Fui circondato di cure e di compassione e sedetti al mio posto in silenzio, vergognandomi profondamente; avvertivo quel calore e ne godevo sentendomi rimordere la coscienza. Poi fui mandato a letto. A mio padre diedi la mano senza guardarlo.

Quando ero già a letto, la mamma venne ancora da me. Prese gli abiti dalla sedia e al loro posto ne mise degli altri, perché l'indomani era domenica. Poi cominciò cautamente a fare domande, e io dovetti raccontare di quella rissa. Trovò che era una brutta cosa, ma non mi rimproverò e parve un po' meravigliata che per quello io fossi così sconvolto e intimidito. Poi se ne andò.

E ora, pensai, lei era convinta che tutto fosse a posto. Avevo fatto una baruffa ed ero stato picchiato a sangue, ma l'indomani tutto sarebbe stato dimenticato. Dell'altra, della vera ragione, non sapeva nulla. L'avevo vista turbata, ma tranquilla e affettuosa. Anche il papà, dunque, probabilmente non sapeva ancora nulla.

In quel momento fui sopraffatto da un senso terribile di delusione. Mi accorgevo ora che fin dall'istante in cui ero entrato in casa non avevo avuto che un unico, appassionato, logorante desiderio. Non avevo pensato, desiderato, sperato altro che la tempesta potesse finalmente scoppiare, che il giudizio si rovesciasse su di me, che l'orrore si traducesse in realtà, mettendo così fine alla paura che ne avevo. Ero stato pronto a tutto, disposto a tutto. Che potessi essere severamente punito, picchiato, imprigionato! Che mi lasciasse morire di fame! Che mi ripudiasse e mi scacciasse di casa! Purché la paura e la tensione potessero aver fine!

Invece ero di nuovo nel mio letto, avevo avuto amore e cure, ero stato affettuosamente risparmiato e non chiamato a giudizio per le mie colpe e potevo soltanto continuare ad aspettare e a temere. Mi avevano perdonato gli abiti strappati, la lunga assenza, l'aver mancato a cena, perché ero stanco e sanguinavo e facevo loro pena, ma soprattutto perché non sapevano il resto, perché sapevano soltanto delle mie marachelle ma non della mia colpa. Quando fosse venuta alla luce, sarebbe stato doppiamente grave. Forse mi avrebbero mandato, come già una volta avevano minacciato di fare, in un riformatorio, dove si mangiava solo pane vecchio e secco e durante le ore di ricreazione bisognava segare la legna e pulire stivali, dove dovevano esserci dormitori con dei sorveglianti che ti picchiavano con un bastone e ti svegliavano alle quattro del mattino con un getto di acqua gelata. O mi avrebbero consegnato alla polizia?

Comunque fosse, qualunque cosa dovesse ancora venire, avevo ancora davanti a me un periodo di attesa. Dovevo continuare ancora a sopportare la paura, portarmi addosso il mio segreto, tremare a ogni sguardo e a ogni passo che sentivo in casa, senza poter guardare in faccia nessuno. O alla fine c'era anche la possibilità che il mio furto non venisse mai scoperto? Che tutto restasse com'era? Che io mi fossi fatto tutte quelle paure e quelle sofferenze per nulla? – Oh, se questo avesse dovuto accadere, se questa inimmaginabile, meravigliosa cosa era possibile, allora volevo davvero iniziare una vita nuova, ringraziare e mostrarmi degno vivendo da quel momento in avanti, ora per ora, una vita pura e senza macchia! Ciò che già prima avevo tentato e non mi era riuscito, mi sarebbe riuscito ora, adesso il mio proposito e la mia volontà erano forti abbastanza, adesso, dopo questa sofferenza, questo inferno di tormenti! Tutto il mio spirito si impossessò di questo desiderio, se ne nutrì con fervore. Il conforto pioveva dal cielo, il domani si schiudeva azzurro e pieno di sole. In quel fantasticare finalmente mi addormentai e dormii tranquillo per tutta la notte.

La mattina era domenica e ancora a letto assaporai, come il gusto di un frutto, la singolare sensazione, stranamente complessa, ma in definitiva bellissima, della domenica, come la provavo da che andavo a scuola. La mattina della domenica era una cosa molto bella: dormire a volontà, niente scuola, la previsione di un ottimo pranzo, niente odor di maestri e di inchiostro, una quantità di tempo libero. Quella era la cosa principale. Più fioche vi risuonavano altre voci, meno vive e familiari: la chiesa o la scuola domenicale, la passeggiata con la famiglia, la preoccupazione per il vestito buono. Il gusto piacevole e squisito ne veniva un po' falsato e alterato – come succede quando due cibi mangiati insieme, ad esempio un budino e la sua crema, non armonizzano bene fra loro, oppure le caramelle o i dolciumi che talvolta si ricevono in dono nelle botteguce lasciano un leggero sapore cattivo di formaggio o di petrolio. Si mangiavano, ed erano buone, ma non era una gioia completa, perfetta, bisognava chiudere un occhio. Be', pressappoco così era di solito la domenica, specialmente quando dovevo andare in chiesa o alla scuola domenicale, cosa che per fortuna non accadeva sempre. La giornata di vacanza prendeva in tal modo un certo gusto di dovere e di noia. E durante le passeggiate con tutta la famiglia, anche se spesso potevano essere belle, di solito succedeva sempre qualcosa, si litigava con le sorelle, si camminava troppo svelto o troppo lentamente, ci si imbrattava gli abiti di resina; qualche guaio c'era sempre.

Be', che venisse. Io stavo bene. Da ieri era passata una quantità di tempo. Non che avessi dimenticato la mia vergognosa azione, mi tornò subito in mente la mattina, ma ormai era passato tanto tempo, il timore si era allontanato, si era fatto irreale. Ieri avevo espiato la mia colpa, anche se soltanto con il tormento della coscienza, avevo passato una brutta giornata piena di pene e di sofferenze. Ora ero di nuovo incline alla fiducia e alla serenità e mi davo assai meno pensiero. Del tutto la cosa non era finita, naturalmente, c'era ancora una eco leggera di minaccia e di imbarazzo, così come nella bella domenica avevano una eco sgradevole i piccoli doveri e le contrarietà.

Alla prima colazione eravamo tutti allegri. Mi fu data la scelta fra la chiesa e la scuola domenicale e come sempre scelsi la chiesa. Lì almeno si era lasciati in pace e si potevano lasciar correre i propri pensieri; inoltre la vastità dell'ambiente alto e solenne, con le vetrate colorate, spesso era bello e maestoso e allungando lo sguardo a occhi socchiusi giù per la lunga navata in penombra si vedevano talvolta immagini meravigliose; le canne dell'organo che uscivano dall'oscurità apparivano come una città splendente con mille torri. E spesso, quando la chiesa non era piena, ero anche riuscito a leggere indisturbato per tutta l'ora in un libro di racconti.

Oggi non presi con me alcun libro e non pensai neppure di cercar di evitare d'andare in chiesa, come avevo fatto altre volte. Tanto forte era ancora in me la eco della sera precedente, dei buoni e onesti propositi e della mia decisione ad andar d'accordo con Dio, con i genitori e il mondo intero, ad essere gentile e arrendevole. Anche la mia ira contro Oskar Weber era completamente svanita. Se fosse venuto, lo avrei accolto nel migliore dei modi.

Cominciò il servizio divino e io mi unii al coro nel canto dei versetti, era il canto *Pastore dei tuoi agnelli*, che avevamo imparato a memoria anche a scuola. Cantando mi accorsi ancora una volta come nel canto, e tanto più nel canto lento e strascicato del coro, un verso avesse tutt'altra fisionomia che alla lettura o alla recitazione. Quando lo si leggeva, un verso era un'entità compiuta, aveva un senso, era composto di frasi. Cantandolo invece era soltanto composto di parole, le frasi non riuscivano a formarsi, significato non ce n'era, in compenso le parole, le singole parole cantate, strascicate, acquistavano una loro vita stranamente forte, indipendente, sì, spesso non erano che singole sillabe, qualcosa di per sé assolutamente senza senso, che nel canto diventava autonomo, prendeva forma e figura. Nel versetto "Pastore dei tuoi agnelli, che non vuoi saperne del sonno", oggi ad esempio nel canto corale non c'era assolutamente alcun significato, alcun nesso, non si pensava infatti né a un pastore né a degli agnelli, non si pensava assolutamente a nulla. Ma non per questo era noioso, affatto. Singole parole, per esempio il "son-no", diventavano così piene e belle che ci si cullava dentro e anche il "vuoi" risuonava misterioso e grave, ricordava cose oscure, appena conosciute, cariche di sentimento, che ci si portava dentro. E poi anche l'organo!

Infine venne il curato e la predica, che era sempre incomprensibilmente lunga, e quello strano stare in ascolto, in cui spesso per molto tempo non si udiva altro che il suono della voce, la si sentiva ondeggiare come il suono di una campana, e poi di nuovo si coglievano singole parole, ben chiare e taglienti insieme al loro significato, e ci si dava la pena di seguirle, fin che si poteva. Se soltanto avessi potuto trovar posto nel coro, invece che nella galleria fra gli uomini. Nel coro, dove già ero stato ad ascoltare dei concerti d'organo, si sedeva affondati in grandi seggioloni separati, ciascuno dei quali era una piccola, solida costruzione a sé, e sopra si aveva una volta straordinariamente affascinante e varia a forma di reticolo, e alto sulle pareti era dipinto il Discorso della Montagna, in colori tenui, e la veste rossa e azzurra del Salvatore, sullo sfondo azzurro pallido del cielo, era così dolce e bella a vedersi.

Talvolta si sentivano scricchiolare i banchi, per i quali io avevo una profonda antipatia, perché erano verniciati di un brutto e insipido giallo e ci si rimaneva sempre un po' appiccicati. Qualche volta una mosca ronzava contro una delle vetrate, nel cui arco a sesto acuto erano dipinti fiori rossi e azzurri e stelle verdi. E poi, d'improvviso, la predica era finita e io mi sporgevo in avanti per vedere il curato sparire giù per la sua stretta scaletta buia. Poi si cantava nuovamente, con un respiro di sollievo e a voce molto alta, e infine ci si alzava e ci si dirigeva in massa verso l'uscita; io gettavo il soldino che avevo appositamente portato nella cassetta delle elemosine, il cui suono di latta tanto male si adeguava alla solennità del momento, e mi lasciavo trasportare dalla corrente dei fedeli fino al portale e all'aperto.

Adesso veniva il momento più bello della domenica, le due ore fra la chiesa e il pranzo. Si era fatto il proprio dovere, dopo esser stati seduti a lungo si era ansiosi di movimento, di gioco, oppure si aveva voglia di un libro e si era perfettamente liberi fino a mezzogiorno, quando di solito c'era qualcosa di buono da mangiare. Soddisfatto mi avviai lentamente verso casa, ricolmo di buoni pensieri e di proponimenti. Il mondo era in perfetto ordine e ci si poteva vivere in pace. Tranquillo trotterellai per il vestibolo e su per la scala.

Nella mia cameretta brillava il sole. Guardai la mia cassetta dei bruchi, che ieri avevo dimenticato, ci trovai un paio di crisalidi nuove, diedi acqua fresca alle piante.

In quell'istante si aprì la porta.

Al momento non ci badai, ma dopo un attimo notai con stupore il silenzio; mi volsi. Lì c'era mio padre. Era pallido e aveva un volto grave, sofferente. Le parole di saluto mi rimasero in gola. Lo vidi e compresi subito: sapeva! Era lì. Cominciava il processo. Niente si era volto al meglio, niente era stato espiato, niente dimenticato! Il sole divenne smorto e il mattino domenicale appassì e si spense.

Strappato a ogni beatitudine fissavo mio padre. Lo odiavo, perché non era venuto ieri? Ora non ero più preparato, non avevo niente di pronto, neppure pentimento o senso di colpa. – E poi, che bisogno aveva di tenere dei fichi nel suo cassettone?

Si accostò allo scaffale, allungò una mano dietro i libri e ne trasse fuori alcuni fichi. Ne erano rimasti pochi. E intanto mi guardava muto, con un'aria penosamente interrogativa. Non potevo dire nulla. Non riuscivo a parlare. Dolore e ostinazione mi soffocavano.

«Che cosa c'è?» riuscii finalmente a dire.

«Da dove vengono questi fichi?» domandò lui con una voce bassa, controllata, che mi era amaramente odiosa.

Cominciai subito a parlare. A mentire. Raccontai che i fichi li avevo comperati da un pasticciere, un'intera collana. Dove avevo trovato il denaro? Il denaro proveniva da una piccola cassetta di risparmio che avevo in comune con un amico. Entrambi ci avevamo messo i nostri risparmi, tutte le monetine che ricevevamo di tanto in tanto. Del resto – ecco qui, questa era la cassetta. Tirai fuori la scatola con la fessura. Adesso c'era dentro soltanto una moneta da dieci centesimi, appunto perché ieri avevamo comperato i fichi.

Mio padre mi ascoltava con una faccia seria, silenziosa, alla quale non credevo per nulla.

«Quanto sono costati i fichi?» domandò con quella voce troppo bassa.

«Un marco e sessanta.»

«E dove li hai comperati?»

«Dal pasticciere.»

«Quale?»

«Da Haager.»

Ci fu una pausa. Tenevo ancora la scatola del denaro fra le dita gelate. Ero tutto freddo, mi sentivo gelare.

E ora con un tono di minaccia domandò: «È vero?».

Io ripresi a parlare velocemente. Certo, naturalmente che era vero, e il mio amico Weber era andato nel negozio, io lo avevo soltanto accompagnato. Il denaro era principalmente suo, di Weber, di mio c'era soltanto poco.

«Prendi il tuo berretto» disse mio padre «e andiamo insieme dal pasticciere Haager. Lui saprà se è vero o no.»

Tentai di sorridere. Ma ora il freddo mi arrivava al cuore e allo stomaco. Lo precedetti e in corridoio presi il mio berretto blu. Il papà aprì la porta a vetri, anch'egli aveva preso il suo cappello.

«Ancora un momento,» dissi «devo andare in un posticino!»

Annuì. Andai al gabinetto, chiusi la porta, fui solo, per un momento ero ancora al sicuro. Oh, se in quel momento fossi morto!

Restai lì un minuto, due. Non serviva a nulla. Non si moriva. Tanto valeva sostenere la prova. Aprii e fui di nuovo lì. Scendemmo la scala.

Quando passammo dal portone mi venne in mente qualcosa di buono e dissi in fretta: «Ma oggi è domenica, il negozio di Haager non è aperto».

Era una speranza, per due secondi. Mio padre disse con calma: «Allora andremo a casa sua. Vieni».

Uscimmo. Mi misi il berretto ben diritto, infilai una mano in tasca e tentai di camminargli accanto come se niente fosse. Sebbene sapessi che tutti per la strada mi guardavano, come se fossi un delinquente portato in prigione, cercavo con mille arti di nasconderlo. Mi sforzavo di respirare normalmente, senza sforzo; non c'era alcun bisogno che qualcuno si avvedesse di come mi si stringeva il petto. Ero tutto intento a fare una faccia innocente, a fingere sicurezza e naturalezza. Mi rialzai una calza senza che fosse necessario e sorridevo, anche se sapevo che quel sorriso doveva apparire terribilmente sciocco e artificiale. Dentro di me nella gola e nelle viscere c'era il demonio che mi strangolava.

Passammo davanti al ristorante, poi al fabbro, al cocchiere, oltre il ponte della ferrovia. Laggiù ieri sera avevo combattuto con Weber. Non mi faceva ancora male la ferita vicino all'occhio? Mio Dio! Mio Dio!

Continuavo a camminare del tutto privo di volontà, preoccupato solo, fra i crampi, di mantenere un contegno. Passammo davanti al granaio di Adler, poi giù per la strada della stazione. Com'era stata ancora buona e innocente quella strada ieri! Non dovevo pensare! Non pensare! Avanti! Avanti!

Ora eravamo vicinissimi alla casa di Haager. In quel paio di minuti avevo immaginato centinaia di volte la scena che mi aspettava laggiù. Ora eravamo arrivati. Ora veniva il momento.

Ma non mi era possibile sopportarlo. Mi arrestai.

«Be'? Che c'è?» domandò mio padre.

«Io non entro» risposi a voce bassa.

Abbassò gli occhi su di me. Lo aveva sempre saputo, fin da principio. Perché gli avevo fatto tutta quella commedia e mi ero dato tanta pena? Non aveva alcun senso.

«Non hai comperato i fichi da Haager?» domandò.

Scossi la testa.

«Ah, è così» disse con apparente calma. «Allora possiamo tornare a casa.»

Si comportava correttamente, mi risparmiava per la strada, davanti alla gente. Per la strada c'era molta gente, ad ogni momento qualcuno salutava mio padre. Che commedia! Che sciocca, insensata tortura! Non riuscivo a essergli grato di risparmiarmi in quel modo.

Lui sapeva già tutto. E mi faceva ballare, mi lasciava fare le mie inutili capriole, come si lascia ballare nella trappola un topo prigioniero, prima di affogarlo. Ah, se fin dal principio, senza neppure interrogarmi o farmi domande mi avesse colpito sulla testa col bastone, questo mi sarebbe stato cento volte più gradito di quella calma e di quella giustizia con la quale egli mi rinchiudeva nella mia sciocca rete di menzogne e mi strozzava lentamente. In fondo era forse davvero meglio avere un padre duro e brutale che uno così giusto e distinto. Quando un padre, come succedeva nei libri di racconti, nell'ira o nell'ubriachezza picchiava ferocemente i suoi figli, be', quella era appunto un'ingiustizia, era nel torto, e anche se le busse facevano male, nel proprio intimo si potevano alzare le spalle e lo si poteva disprezzare. Con mio padre non si poteva, era troppo distinto, troppo perfetto, non aveva mai torto. Di fronte a lui si diventava sempre piccoli e meschini.

Stringendo i denti entrai in casa prima di lui e ritornai nella mia camera. Lui era sempre calmo e freddo, o meglio fingeva di esserlo, perché in verità, lo sentivo bene, era molto arrabbiato. Ora ricominciava a parlare nel suo solito tono di voce.

«Vorrei sapere a che cosa deve servire tutta questa commedia? Non me lo puoi dire? Lo sapevo benissimo fin dal principio che la tua bella storiella era tutta inventata. Perché allora tante storie? Non mi crederai sul serio tanto sciocco da averci creduto?»

Mi morsi la lingua e deglutii. Se almeno avesse voluto smetterla! Come se lo avessi saputo perché gli avevo raccontato tutta quella storia! Come se lo avessi saputo perché non potevo confessargli la mia colpa e chiedergli perdono! Come se soltanto avessi almeno saputo perché avevo rubato quei maledetti fichi! Lo avevo forse voluto, lo avevo fatto con intenzione e consapevolezza, per dei motivi precisi? Non me ne dispiaceva forse? Non ne soffrivo forse più di lui?

Lui aspettava e aveva una faccia nervosa di chi si impone a fatica la pazienza. Per un momento la situazione mi fu perfettamente chiara, nell'inconscio, ma allora non avrei saputo tradurla in parole come oggi. Era così: avevo rubato perché ero andato nelle stanze di mio padre in cerca di consolazione e con mia delusione l'avevo trovata vuota. Non avevo avuto intenzione di rubare. Quando avevo visto che papà non c'era, avevo soltanto voluto curiosare un po', dare una occhiata fra le sue cose, scoprire i suoi segreti, venire a sapere qualcosa di lui. Così era stato. E lì c'erano i fichi e io li avevo rubati. E subito me ne ero pentito e tutto il giorno precedente avevo sofferto le pene e le torture dell'inferno, avevo desiderato di morire, mi ero condannato, avevo fatto di nuovo buoni propositi. Ma oggi – già, oggi tutto era di nuovo diverso. Io il rimorso l'avevo assaporato fino in fondo, ora avevo la mente più chiara e provavo un'inspiegabile ma tremenda ribellione contro mio padre e contro tutto ciò ch'egli si aspettava e pretendeva da me.

Se avessi potuto dirgli tutto questo, certo mi avrebbe capito. Ma anche i bambini, per quanto siano superiori ai grandi per intelligenza, davanti al destino si ritrovano soli e smarriti.

Rigido di ostinazione e di rabbioso dolore continuai a tacere, lo lasciai dire cose intelligenti e vidi con dolore e anche con una certa strana, amara soddisfazione, che tutto andava storto e continuava ad andare di male in peggio, egli soffriva ed era deluso, si appellava invano alla parte migliore di me.

Quando domandò: «Dunque i fichi li hai rubati?» non potei far altro che annuire. Più di un debole cenno di assenso non riuscii a tirar fuori, neppure quando volle sapere se mi dispiaceva. – Come poteva lui, il grande, l'intelligente adulto, fare una domanda così sciocca?! Come se non avessi provato dolore! Come se non avesse potuto vedere quanto tutta quella vicenda mi aveva fatto male, mi aveva rivoltato il cuore! Come se mi fosse mai stato possibile magari rallegrarmi della mia azione e di quei maledetti fichi!

Forse per la prima volta nella mia vita infantile avvertii, fin quasi alla soglia della consapevolezza, quanto indicibilmente due creature legate da parentela e da affetto possano fraintendersi e torturarsi a vicenda e farsi del male, e come tutto il gran parlare, il voler saperla lunga, tutto il buon senso non aggiungano che veleno, non creino che nuove sofferenze, nuove ferite, nuovi errori. Come era possibile? Ma era possibile, accadeva. Era una cosa insensata, era pazzesco, era da ridere e da disperarsi – ma era così.

Basta di questa storia! Finì che io venni rinchiuso per il pomeriggio della domenica nella camera buia della soffitta. Una parte del suo orrore il duro castigo lo perse per delle circostanze che naturalmente erano un mio segreto. Nella soffitta buia e disabitata c'era infatti una cassa, coperta di polvere, colma a metà di vecchi libri, alcuni dei quali non erano affatto destinati ai bambini. La luce per leggere la presi spostando leggermente una tegola del tetto.

La sera di quella triste domenica mio padre, poco prima di andare a dormire, riuscì a indurmi a un breve colloquio che ci rappacificò. Quando fui a letto, ebbi la certezza ch'egli mi aveva completamente perdonato – molto più completamente di quanto io avessi perdonato lui.

BREVE CENNO BIOGRAFICO

Nacqui verso la fine dei tempi moderni, poco prima che incominciasse il nuovo Medioevo, nel segno del sagittario e sotto il benigno influsso di Giove. La mia nascita avvenne in una delle prime ore della sera di un caldo giorno di luglio, ed è la temperatura di quell'ora che inconsciamente ho amato e cercato per tutta la vita, e, quando mi è mancata, ne ho sentito dolorosamente la privazione. Non ho mai potuto vivere in paesi freddi, e tutti i viaggi che ho intrapreso di mia volontà erano diretti al Sud. Sono figlio di genitori pii che ho amato teneramente e che ancor più avrei amato se non mi avessero fatto conoscere per tempo il quarto comandamento. Purtroppo i comandamenti hanno sempre avuto su di me un effetto fatale, per quanto giusti e buoni fossero... io che per natura sono un agnello e facile a guidare come una bolla di sapone, mi sono sempre comportato da ribelle, specialmente durante la mia giovinezza, di fronte a comandamenti di qualsiasi genere. Bastava che udissi un "Devi" per sentirmi rivoltar tutto e rendermi ostinato. Si può immaginare come questa caratteristica poté avere un grande e dannoso influsso sui miei anni di scuola. I nostri maestri infatti, in quella divertente materia che chiamavano storia mondiale, ci insegnavano bensì che il mondo è sempre stato retto, guidato e trasformato da uomini che si sono dati una legge propria violando quelle tradizionali, e ci dicevano che simili uomini sono degni di venerazione. Ma questo era menzogna come tutti gli altri ammaestramenti, perché se uno di noi, con buona o con cattiva intenzione, aveva una volta l'ardire di protestare contro qualche legge, o anche soltanto contro una stupida abitudine o una moda, non veniva né venerato né raccomandato come esempio, ma castigato, schernito e oppresso dalla vile superiorità degli insegnanti. Per fortuna ciò che per la vita è importante e più prezioso, l'avevo già imparato prima dell'inizio della scuola: avevo sensi desti, delicati e fini su cui contare per trarne godimento, e anche se più tardi soggiacqui da insano alle lusinghe della metafisica, e a volte perfino macerai e trascurai i miei sensi, tuttavia mi è sempre stata familiare un'atmosfera di sensualità raffinata, soprattutto per quanto riguarda la vista e l'udito, ed essa ha sempre giocato una parte vivace nel mondo dei miei pensieri, anche quando sembravano astratti. Mi ero dunque procurato, come ho detto, un ben determinato strumento per la vita molto prima dell'inizio della scuola. Ero pratico della nostra città, delle fattorie e dei boschi, dei frutteti e delle officine, conoscevo gli alberghi, gli uccelli e le farfalle, sapevo cantare canzoni e fischiare tra i denti, e altro ancora che ha valore per la vita. Poi vi si aggiunsero le materie di scuola, facili e divertenti; trovai vera soddisfazione specialmente nella lingua latina, e feci versi quasi altrettanto presto in latino quanto in tedesco. L'arte della menzogna diplomatica la devo al secondo anno di scuola, quando un precettore e un assistente me ne fecero acquistare la capacità, dopo che nella mia franchezza e fiducia infantile mi ero tirato addosso un guaio dopo l'altro. Quei due educatori riuscirono a farmi capire che la lealtà e l'amore del vero erano caratteristiche che essi non cercavano negli scolari. Mi attribuirono un misfatto, una cosa di ben poca importanza, che era accaduta in classe e di cui non ero minimamente colpevole, e non potendo indurmi a confessarmene autore, fecero di quelle piccolezze un processo di Stato, e riuscirono con la tortura e le percosse a tirarmi fuori non la sperata confessione, bensì ogni fede nell'onestà della casta dei professori. Col tempo conobbi, grazie a Dio, anche insegnanti giusti e degni di stima, ma il danno era fatto, e i miei rapporti non solo con i maestri della scuola, ma anche con l'autorità in genere ne furono falsati e amareggiati. In complesso nei primi sette o otto anni fui un buono scolaro, almeno ero sempre tra i primi della classe. Solo con l'inizio di quei conflitti che non vengono risparmiati a nessuno che sia destinato a diventare una personalità, entrai sempre più in urto con la scuola. Quei conflitti li ho capiti solo due decenni più tardi, allora me li trovai semplicemente di fronte e vi venni coinvolto, contro la mia volontà, come in una grave disgrazia.

Il problema era questo: dai tredici anni in poi mi fu chiaro che volevo diventare o un poeta o niente. Ma con altrettanta chiarezza dovetti fare poco alla volta un'altra constatazione. Diventare maestro, pastore, medico, artigiano, commerciante, impiegato postale, o anche musicista, oppure pittore o architetto, era possibile, per tutti i mestieri del mondo c'era una via, c'erano dei preliminari, una scuola, un tirocinio. Solo per i poeti mancava tutto questo! Era bensì permesso, anzi veniva considerato un onore, essere un poeta: cioè un poeta famoso e di successo, e per lo più, purtroppo, allora si era già morti. Ma diventare un poeta era impossibile, volerlo diventare era una cosa ridicola e vergognosa, come capii ben presto. Feci in fretta a trarre dalla situazione l'ovvio ammaestramento: poeta era qualcosa che si poteva essere ma non diventare. Inoltre: l'interessarsi della poesia e del proprio talento poetico rendeva sospetti agli occhi degli insegnanti, si veniva scherniti o ridicolizzati, a volte perfino mortalmente offesi. Per i poeti era come per gli eroi e per tutte le altre grandi e belle figure, per le aspirazioni magnanime e poco comuni: nel passato erano splendide, tutti i libri di scuola erano pieni delle loro lodi, ma nel presente, nella realtà li si odiava: e forse i maestri erano messi lì e istruiti apposta per evitare il più possibile che venissero in fama uomini liberi e magnifici e compissero azioni splendide e grandiose. Così vedevo aprirsi tra me e la mia meta lontana nient'altro che abissi, tutto mi appariva incerto e svalorizzato, solo una cosa era ferma: che volevo diventare un poeta, fosse facile o difficile, fosse ridicolo od onorevole. I risultati esteriori di tale decisione – o piuttosto di quella fatalità – furono i seguenti: quando avevo tredici anni, all'inizio di quel conflitto, il mio comportamento sia a casa che a scuola incominciò a lasciare a desiderare in modo tale, che mi si mandò in esilio nel ginnasio di un'altra città. Dopo un anno divenni allievo di un seminario teologico, imparai a scrivere l'alfabeto ebraico, ed ero già vicino a comprendere che cos'è un *dagesch forte implicitum*, quando improvvisamente scoppiarono nell'intimo mio delle tempeste, che provocarono la fuga dal collegio, la punizione del carcere duro e il congedo dal seminario.

Per un po' di tempo mi sforzai di proseguire i miei studi in un ginnasio, ma anche lì il carcere e l'espulsione furono la fine di tutto. Poi per tre giorni fui apprendista da un commerciante, dal quale fuggii scomparendo per alcuni giorni con grande preoccupazione dei miei genitori. Feci per sei mesi l'aiuto di mio padre, poi per un anno e mezzo l'assistente in un'officina meccanica e fabbrica di orologi da campanile.

In breve, per più di quattr'anni qualunque cosa mi si volesse far fare andava a rovescio; non mi volle tenere nessuna scuola, in nessun tirocinio resistetti a lungo. Ogni tentativo di fare di me un uomo utile terminava con un insuccesso, o piuttosto con vergogna e con scandalo, con la fuga o con l'espulsione; eppure mi si riconosceva dappertutto una discreta intelligenza, e perfino un certo grado di buona volontà! Ero anche abbastanza diligente...

ho sempre ammirato rispettosamente l'alta virtù dell'ozio, ma non ne sono mai diventato un maestro. A quindici anni, quando nella scuola ebbi fatto cilecca, incominciai a istruirmi da me, con coscienza e con energia; fu mia fortuna e mio piacere che nella casa di mio padre ci fosse la grandiosa biblioteca del nonno: una gran sala piena di vecchi libri, che conteneva fra l'altro tutta la letteratura e la filosofia tedesche del Diciottesimo secolo. Tra i sedici e i venti anni non soltanto riempii una quantità di carta con i miei primi tentativi di scrittore, ma lessi anche mezza letteratura mondiale, e mi occupai di storia dell'arte, di lingue e di filosofia con una tenacia che sarebbe abbondantemente bastata per un normale corso di studi.

Poi divenni libraio, per poter finalmente guadagnarmi il pane. Coi libri almeno ero in migliori rapporti che con la morsa e le ruote dentate che mi avevano fatto tribolare da meccanico. Dapprima, l'immergermi nel nuovo e nel nuovissimo della letteratura, o meglio l'esserne sommerso, fu per me una gioia ebbra. Ma dopo un po' non mancai di osservare che nel campo della cultura il vivere nel puro presente, nel nuovo e nel nuovissimo, è insensato e insopportabile, che solo un continuo rapporto con ciò ch'è stato, con la storia, con l'antico e con l'antichissimo, rende possibile la vita dello spirito. Infatti per me, esaurita quella prima sete, fu una necessità ritornare dal mare delle cose nuove all'antico, e così feci, passando dal commercio dei libri nuovi all'antiquariato. Ma rimasi fedele a quella professione solo finché ne ebbi bisogno per campare: quando a ventisei anni riportai il mio primo successo letterario, smisi anche quel lavoro.

Ora dunque, dopo tante tempeste e tanti sacrifici, la meta era raggiunta; ero infine, per quanto impossibile fosse sembrato il diventarlo, uno scrittore, e avevo vinto, o così pareva, la lunga tenace lotta col mondo. L'amarezza degli anni di scuola e di quelli della mia formazione, in cui ero stato spesso vicino a soccombere, ora potevo dimenticarla e sorriderne; anche parenti e amici, che avevano disperato di me, mi approvavano cordialmente. Avevo vinto, e quand'anche facessi la cosa più stupida e futile, ormai la trovavano incantevole; come del resto anch'io ero incantato di me stesso. Compresi solo allora in che orrendo isolamento, in che pericoloso ascetismo ero vissuto anno per anno; l'atmosfera calda di apprezzamento mi fece bene e cominciai a divenire un uomo soddisfatto.

Per un buon tratto la mia vita esteriore corse tranquilla e piacevole. Avevo moglie e figli, casa e giardino. Scrivevo i miei libri, passavo per uno scrittore amabile e vivevo in pace col mondo.

Poi venne l'estate del 1914 e le cose apparvero, all'interno e all'esterno, di colpo totalmente trasformate. Ora si rivelava che il passato benessere poggiava su terreno malsicuro, ora incominciava il brutto, si iniziava il grande ammaestramento. Era venuto il cosiddetto grande momento, il tempo della prova, e io non posso dire che mi abbia trovato più pronto, più degno e meglio preparato degli altri. Ciò che mi distingueva allora era solo la mancanza di un grande conforto che tanti altri avevano: l'entusiasmo. Fu così che ritornai coerente con me stesso e in conflitto col mondo; dovetti ricominciare da capo, dovetti scordare la contentezza di me e degli altri, e solo con quest'esperienza oltrepassai la soglia dell'iniziazione alla vita.

SOLO

Per la terra vanno
tante strade e vie,
ma tutte hanno
la stessa meta.

Puoi cavalcare o camminare
in due o in tre...
L'ultimo passo devi
compierlo da solo.

Perciò, non c'è sapere
o facoltà che valga
come fare quanto è arduo
da soli.

Allein

Es führen über die Erde
Strassen und Wege viel,
Aber alle haben
Das selbe Ziel.

Du kannst reiten und fahren
Zu zweien und zu drei'n...
Den letzten Schritt musst du
Gehen allein.

Drum ist kein Wissen
Noch Können so gut
Als dass man alles Schwere
Alleine tut.

«SAGGEZZA, IRONIA E MALIZIA...»

Il mio più prezioso e più vivo ricordo di mio nonno è il seguente. Non avevo ancora compiuto quindici anni quando, studente al seminario di Maulbronn, essendo perciò ai gradini più bassi di quella scala che conduce agli studi teologici, all'erudizione, e avvia all'ufficio di pastore o al Parnaso svevo, vissi la crisi più difficile della mia vita di scolaro e commisi un delitto quasi imperdonabile e incomprensibile, tale da attirare l'ignominia su di me e sulla mia onorata famiglia: scappai, fui cercato per un giorno intero nei boschi e denunziato alla polizia. Dopo esser stato presso a morire per aver pernottato all'aperto con dieci gradi sottozero, uscito dall'infermeria e dalla segregazione andai a casa per le vacanze, non ancora espulso dal seminario ma purtuttavia danneggiato pressoché irrimediabilmente nei miei studi. Se mi avessero trattato da delinquente e da nemico, specialmente in famiglia, mi sarebbe riuscito forse meno tremendo che essere circondato di dolcezza e d'ansietà imbarazzata, come fossi caduto preda di una malattia brutta e forse contagiosa. E una delle prime visite da compiere dopo il mio arrivo a casa, la più importante e per me la più difficile, fu quella al nonno tanto venerato e amato, ma in quel momento anche assai temuto. Non c'era dubbio che i miei genitori si ripromettessero parecchio da quella visita e avessero pregato il venerando vecchio di saggiarmi ben bene spiegandomi la gravità e le presumibili conseguenze del mio misfatto. Andare da lui nella cara vecchia casa e su per le scale fino all'alto studio soleggiato fu come per il peccatore presentarsi in tribunale. Nella vasta anticamera c'erano come sempre a centinaia e a migliaia quei libri che già allora mi attiravano fortemente e tanti dei quali dovevo in seguito leggere: era un luogo oscuro e oltremodo silenzioso, attraverso la cui unica finestra vedevo risplendere chiara la facciata della casa interna illuminata dal sole, col grande buco nero della finestra della soffitta, sulla quale pendeva un po' storta e sciupata la piccola ruota del montacarichi che serviva a portar su la legna da ardere. Tutto, in quell'ora che presumevo fatidica, anche la grigia e solenne fila degli in folio sugli scaffali più bassi, anche l'intervallo costante tra i titoli impalliditi di lunghe file di riviste raccolte in volume e il lieve e fuggevole bagliore d'oro sui dorsi di pelle, aveva un'apparenza di superrealtà e di importanza che m'impressionava; tutto parlava in un modo ordinato, lindo e valido, dal quale già mi ero allontanato di un primo passo fatale, di quel passo appunto di cui dovevo ora rendere conto.

Entrando timoroso nel santuario, respirai l'odore di fumo di pipa, di carte e d'inchiostro, vidi i raggi del sole scherzare sui tavoli ricoperti di libri, di riviste e di manoscritti in più lingue, e mi trovai di fronte, con le spalle alla finestra e al sole, il vecchio, che seduto sul suo antico canapè e avvolto in una nuvola di fumo trapassata di luci dorate, alzava lentamente gli occhi dal suo scritto. Lo salutai fioco e gli diedi la mano, rassegnato a subire interrogatorio, giudizio e condanna. Egli sorrise di tra la larga barba bianca, con quelle sue labbra sottili che sapevano tante lingue e più ancora con gli occhi di un azzurro chiaro; e già in me diminuiva l'ansia piena di paura, e già avvertivo che lì non mi aspettavano il giudizio e il castigo, ma la comprensione, la saggezza e la pazienza dell'uomo anziano, insieme a un po' d'ironia e di malizia. Egli aprì la bocca e disse: «Ah, sei tu, Hermann? Ho sentito che ultimamente hai fatto un viaggetto di genio».

Un "viaggio di genio": così si chiamavano, un buon mezzo secolo avanti tra gli studenti di Tubinga, simili impennate, simili avventure intraprese per soverchia baldanza, per indisciplina, o anche per disperazione. E solo dopo molti anni seppi che un giorno anche lui, il nonno, l'uomo famoso sia per religione che per cultura, era vissuto per un certo tempo nella pericolosa atmosfera in cui si commettono simili colpi di testa.

«SÌ, TUTTO ACCADE PER IL MIO BENE!»

Nel marzo del 1892, a quattordici anni, Hermann Hesse fuggì dal seminario evangelico di Maulbronn e tre mesi più tardi tentò il suicidio. Dopo inutili sforzi da parte dei genitori e di teologi amici per "esorcizzarlo dal demone dell'ostinazione", alla fine del giugno 1892 venne ricoverato nella casa di cura per malattie mentali di Stetten, nella Remstal. Durante i tre mesi di permanenza a Stetten, Hermann Hesse, appena quindicenne, scrisse ai genitori, tra le altre, le lettere riportate qui di seguito: lettere che, nel loro insorgere contro ogni forma di condizionamento esterno, non hanno eguali nella letteratura epistolare in lingua tedesca.

Stetten, 11 settembre 1892

In fin dei conti tutta la discussione dipende solo dal fatto che laddove ci si aspetta di incontrare simpatia ci si scontra con opinioni affatto differenti.

Al di là di questa vita miserabile voi ne vedete una migliore, mentre io la penso in modo del tutto diverso e questa vita vorrei gettarla via, oppure ricavarne qualcosa [...] Papà definisce Stetten il luogo "migliore", perché qui sono agli arresti, e certo voi vi siete liberati di me. Oh, credetelo! Non sono queste fredde spiegazioni a empirmi l'animo e a commuovermi! No, è un mesto dolore per l'eterna primavera perduta, ecc., una nostalgia di casa, ma non per Calw, bensì per qualcosa di autentico. Ma vivere, agire, sperare, amare a me sembrano pura illusione, mera sensazione; come dice Turgheniev: "Fumo, fumo!".

Se solo qualche mese fa avessi visto la mia vita attuale avrei pensato fosse un brutto sogno impossibile. Questo freddo sacerdote, per metà uomo pratico, con le sue prediche, questi sorveglianti incolti, questi malati dai volti e dalle maniere ripugnanti, ecc., tutto mi è profondamente odioso e sembra fatto apposta per mostrare a un ragazzo quanto miserevoli siano questa vita e ogni altra cosa. Quanto ho sempre tenuto alla buona musica, alla buona poesia, ecc.! Qui non c'è traccia di tutto questo, solo la prosa più cruda e studiatamente più tetra. Diverso sarebbe se io qui fossi cresciuto. Come la farfalla appena uscita dal bozzolo, più tardi potrei godere del sole! Ma io conosco il sole: provate a richiudere la farfalla nel bozzolo! Ma a che pro queste spiegazioni, voi siete a Calw, non a Stetten, e io sono a Stetten, non a Calw. Voi respirate un'aria diversa dalla mia, "Hermann a Stetten" vi è estraneo, non è vostro figlio.

Lavorare in giardino mi è odioso, e da quando sono qui vi sono stato solo poche volte, benché avessi "dovuto" andarci ogni giorno. "Mio padre non sapeva che farsene di me e mi ha mandato a Stetten", e con ciò basta. Qui sono recluso perché non mi è concesso di essere altrove e piango di me mentre rido dell'ispettore. Ma non gli permetto di impartirmi ordini. Quando viene a sapere che non lavoro in giardino o su Livio, mi dà troppo poco da mangiare, o cose del genere, e minaccia perfino di mandarmi in cella di punizione. Lo faccia pure!

Impiegherò le mie ultime energie per mostrare di non essere una macchina che è sufficiente caricare. Sono stato messo sul treno con la forza e portato a Stetten, ora sono qui e non molesto più il mondo, perché Stetten è fuori dal mondo. Del resto, tra le quattro pareti sono signore di me stesso, *non ubbidisco e nessuno mi ubbidisce.*

Quando l'ispettore se ne accorgerà ci saranno terribili scenate, sarò tartassato, ma, si sa, tutto questo è *per il mio bene*!

A quanto pare la natura non mi ha destinato alla casa paterna, alla famiglia, tuttavia a voi non è lecito dire come Posa:

> Come sei diventato povero, mendico
> dacché non ami più altri che te.

Non lo merito. Amo me stesso come chiunque altro, e tuttavia non è per questo che non posso vivere qui, ma perché ho bisogno di un'altra atmosfera per potermi realizzare come uomo. Vedete, mi sforzo di spiegare tutto in modo oggettivo, di respingere in anticipo tutte le obiezioni, visto che, alla fine, vorrei da voi una decisione. Parlate dunque – e in voi vedrò degli estranei, dunque parlate – e io potrò vivere e operare. A che mi giova quando papà ripete per l'ennesima volta: «Credici, abbiamo le migliori intenzioni nei tuoi riguardi». Questa frase non vale un bel niente. Io ho bisogno di stare in mezzo ad altre persone, e con Julius posso ben dire: «Il mio cuore cercava una filosofia e la fantasia ne manipolò i sogni. Ciò che più era ardente per me era vero. Vado in cerca delle leggi degli spiriti, ma dimentico di dimostrare che esistono davvero. Un attacco audace del materialismo demolisce la mia creazione».

Se dico "tu devi", o addirittura "tu dovresti", il materialismo dice "tu devi necessariamente". Sì, il materialismo più materialistico è qui, perfino l'aria sembra essere più materiale. Qui non è dato sperare e credere, amare ed essere amati, e ancor meno esiste un ideale, qualcosa di bello, di estetico, qui non c'è né arte né sentimento. Qui manca tutto quel che travalica il lavoro e il cibo; sulla terra non esiste nulla di più elevato, nessuna autorità più alta dei superiori di turno, nessun impulso che non provenga da un comando esterno, in breve, non esiste lo spirito. Nemmeno la perfezione materiale qui vale a qualcosa, e perfino quei pochi nobili che si trovano in questo posto sono solo una frazione del proletariato folle che qui si è riunito. Non pretendo certo di parlare con queste persone di politica o d'argomenti simili, ma il fatto è che non si riesce a venire a capo neanche di un'ordinaria conversazione privata.

Apparire superiore in mezzo a questa massa miserabile è però doppiamente pericoloso: nessuno dei malati lasciava trapelare nulla (e in parte non lo fanno neanche adesso), ma solo pochi sono tanto stupidi da non riuscire a mettere in scena goffi intrighi.

Mentre parlo di tutto ciò non sono affatto agitato: può testimoniarlo il mio sorvegliante che *in parte* sa di queste lettere. Tutto sommato, qui cerco di descrivere i rapporti nel modo più freddo e oggettivo possibile. E adesso io chiedo, solo in quanto essere umano (giacché mi permetto, contro la vostra volontà e nonostante i miei quindici anni, di avere un'opinione): è giusto portare un ragazzo, che a parte una lieve debolezza di nervi in fin dei conti è sano, in una casa di cura per *ritardati mentali ed epilettici,* privarlo con violenza della fede nell'amore e nella giustizia, e con ciò anche della fede in un Dio? Sapete voi che la prima volta che venni via da Stetten ero tornato a voler vivere e a lottare, e che ora, per quanto discretamente guarito, mi sento più che mai malato interiormente? Non sarebbe meglio se uno come me sprofondasse nel mare con una pietra al collo, visto che ha già toccato il fondo?

Non so se leggendo questa lettera riderete o proverete spavento; in ogni caso tutto ciò è per me terribilmente importante e vi pongo questi interrogativi, da un punto di vista ideale, e nel contempo umano. Può sembrarvi insolente, ma quel che dicevo tra le righe nella prima, nella seconda e nella terza lettera, lo avete forse di proposito ignorato; e allora, nella quarta lettera parlo chiaramente perché considero la chiarezza la condizione prima di ogni corrispondenza. Forse direte: «la responsabilità non è tua», ma a me viene il danno; io sono in tutto e per tutto solo il *medium*, ma credo che qualcosa riguardi anche me. Voi, da persone "pie", affermate: «La questione è molto semplice. Noi siamo i genitori, tu sei nostro figlio, e con ciò basta. Quel che riteniamo un bene è un bene, sia come sia».

Io, però, dal mio punto di vista affermo: «Sono un uomo, una "Persona", come di Schiller, mia genitrice è solo la Natura e mai, mai ella mi ha maltrattato. Io sono un uomo e di fronte alla Natura, grave e solenne, avanzo la pretesa a un diritto naturale, generale e particolare». Io sostengo che nessun merito ci garantisce un diritto vero e proprio: questo ci è dato dalla Natura, che al diritto e per il diritto ci ha destinati. Io dico, anche se ciò suona strano perfino alle mie orecchie: la Natura non mi ha dato il *diritto* di vivere tra deboli di mente ed epilettici.

Ma voi non tenete in alcun conto le opinioni dei non-adulti e i loro diritti in quanto esseri umani, lo so bene, e vi lascio la vostra opinione.

C'è ancora da dire che, quanto al mio aspetto, non ho mai goduto di tanta salute. Dormo come un ghiro, ho appetito ed energie, mal di testa e malessere sono scomparsi da tempo. Il lavoro intellettuale non mi affatica. Dai tempi di Maulbronn sono cresciuto di quattro centimetri e ingrassato di sette chili. Sebbene papà sostenga di comprendermi, a quanto pare non è così. Ci scriviamo lettere su lettere, ciascuna delle quali ripete le stesse cose ed è tuttavia diversa.

È comunque molto, molto singolare che per un ragazzo di quindici anni, nervoso sì, ma quanto al resto perfettamente sano, che ha frequentato le scuole, ecc. ecc., non debba esserci nel mondo infinito nessun altro posto all'infuori di Stetten, Remstal, Castello, n. 29. Se avessi più denaro e facessi più vita sociale andrei a dimenticare tutto questo in osteria. Ecco dove l'amore dei genitori ha condotto il figlio, per il quale desiderano tutto il bene possibile: al punto di vendere se stesso per un pomeriggio stravagante in compagnia!

[...] Qui qualunque ideale, qualsivoglia amore viene profanato, equivocato, deriso. Voi dite che dinanzi a me ho ancora tutta una vita. E sia, ma la giovinezza è il fondamento, qui è il cuore ancora sensibile al male e al bene. Ahimè, dimentico che voi siete persone diverse, perfette e senza errori come statue, ma altrettanto morte, sì, siete veri, autentici pietisti, come Nicodemo, un giudeo senza macchia. Voi avete speranze, opinioni, desideri diversi, diversi ideali, trovate appagamento in altre cose, avanzate pretese diverse nei confronti di questa e di quell'altra vita; voi siete cristiani, ma io... soltanto un uomo. Io sono un parto infelice della natura, in me è il germe dell'infelicità... Come il marchese di Posa a Don Carlos, posso dire a me stesso:

> Oh, l'idea fu infantile, ma divinamente bella,
> svaniti sono questi sogni passati!

Proseguo questa lettera senza sapere neanch'io esattamente perché. Se voi poteste guardare nel mio animo, in questa nera cavità in cui l'unico punto luminoso arde e brucia come un fuoco infernale, mi augurereste e mi concedereste la morte. Davanti a me c'è Livio: dovrei studiare ma non posso. Volentieri darei fuoco a Livio e ai vocabolari, insieme a tutta la casa di cura, a Boll, a Calw, a futuro, presente e passato, per poi gettarmi nelle fiamme anch'io.

Vorrei fuggire, ma dove, nel grigiore di questo freddo autunno, senza denaro e senza meta? Fuggire dove, in un paese che pullula di poliziotti? Sarei contento se scoppiasse una rivoluzione, o si diffondesse un'epidemia di colera. In una situazione di sciagure collettive il singolo può morire tranquillo.

A Boll ho imparato dapprima a ridere, poi a piangere; anche a Stetten ho imparato qualcosa: a maledire. Sì, ora so farlo. So maledire me stesso e Stetten anzitutto, poi i parenti, l'odiato sogno e delirio del mondo, e Dio, e la buona e la cattiva sorte. Se volete scrivermi ancora, per favore, basta col vostro Cristo! Qui viene già sbandierato abbastanza! "Cristo è amore, Dio è beatitudine", ecc., sta scritto in ogni posto e a ogni angolo, e intanto tutto trabocca odio e inimicizia. Io credo che se lo spirito del "Cristo" morto, del giudeo Gesù, potesse vedere che cosa ha prodotto, piangerebbe. Io sono un uomo, buono come Gesù, come lui vedo la differenza tra ideale e vita, ma non sono docile come il giudeo, io!

Addio!

Vi prego ancora una volta di rispondere in modo preciso, senza retorica, senza indulgenza, ma non siate in collera per la mia lettera.

Sempre vostro, ecc.; ecc.

AL PADRE

Stetten, 14 settembre 1892

Egregio signore!

Giacché lei si mostra così sorprendentemente pronto al sacrificio posso forse chiederle 7 M[archi], o direttamente il revolver. Dopo avermi portato alla disperazione, da questa lei sarà senza dubbio disposto a liberarmi, così da disfarsi prontamente di me. In verità sarei dovuto crepare già a giugno.

Lei scrive: Non ti muoviamo nessun "terribile rimprovero" per il fatto di inveire contro Stetten. Ciò del resto mi riuscirebbe del tutto incomprensibile: non si può sottrarre a un pessimista il diritto di inveire, dato che non gli rimane null'altro.

"Padre" è invero una strana parola e sembra che io non la comprenda. Dovrebbe indicare qualcuno che si possa amare e che si ama di tutto cuore. Come mi piacerebbe una tale persona! Lei potrebbe forse darmi un consiglio? Ai vecchi tempi era semplice scappare, ma ora è difficile senza documenti, senza certificati, ecc. Ho quindici anni, sono robusto, non potrei forse trovare una sistemazione in un teatro?

Non mi piace trattare con il signor Schall, il crudele abito nero mi è odioso, sarei capace di pugnalarlo. Non mi permette di avere una famiglia, né voi né nessun altro.

I rapporti tra me e voi sembrano farsi sempre più tesi; credo che se fossi pietista e non uomo, se rovesciassi nel loro opposto tutte le mie qualità e inclinazioni, potrei trovarmi in sintonia con voi. Ma così non posso né vorrò mai vivere, e se commetto un crimine, subito dopo di me è lei ad averne la colpa, signor Hesse, lei che mi ha privato della gioia di vivere. Il "caro Hermann" è diventato un altro, uno che odia il mondo, un orfano di "genitori" viventi.

Non scriva più "Caro Hermann", ecc.: è una vile menzogna.

Per due volte oggi l'ispettore ha scoperto che disubbidivo ai suoi ordini. Spero che la catastrofe non si faccia attendere a lungo. Se ci fossero soltanto anarchici!

Hermann Hesse, recluso
nel penitenziario di Stetten,

ma non "per scontare una pena". Comincio a domandarmi *chi* sia malato di mente in tutta questa faccenda.

Avrei piacere, tra l'altro, che lei di tanto in tanto venisse a trovarmi.

Dopodiché, nel novembre del 1892, il padre sistema Hermann Hesse presso il ginnasio di Cannstatt, che il ragazzo lascerà l'anno successivo dopo aver ottenuto la licenza. Il contratto, concluso dal padre, con un libraio di Eßlingen si interrompe appena due giorni dopo, perché Hermann abbandona il posto e fugge a Stoccarda, dove il padre lo raggiungerà per riportarlo a casa. Dopo rinnovate visite mediche Hermann Hesse, tenuto impegnato dal padre con varie occupazioni, rimane nella casa paterna, e nella primavera del 1894 scrive la seguente lettera:

Per evitare inutili agitazioni scelgo la via circostanziata della scrittura: spesso si è visto che noi due purtroppo non riusciamo a parlare, perché siamo entrambi suscettibili e abbiamo opinioni e principi assai diversi! Ma veniamo al punto!

Stare in seminario non mi piaceva, e lo stesso vale per Cannstatt ed Eßlingen. Il fatto che io sia sempre, senz'altro, fuggito, lo ritenevate patologico. Certo non era giusto, ma per tutto ciò che volevate fare di me io non avevo animo né voglia né forza. Quando ero occupato, o studiavo per ore senza provare interesse alcuno per il mio lavoro, allora mi prendeva la nausea.

Ho sempre trascorso il mio tempo libero a studiare da autodidatta; voi parlavate di arti che non rendono nulla, ecc., ma io speravo e spero tutt'ora di poterne vivere. Non ho mai avuto il coraggio di parlarvi dei miei desideri e dei miei propositi: sapevo che non concordavano con i vostri, e così ci siamo allontanati sempre più. Con la libreria ho tentato, e avrei voluto applicarmi, se soltanto il lavoro mi fosse piaciuto anche un poco, ecc. ecc., ma mi disgustava. Ora è necessario prendere una decisione; so che tu pensavi o pensi a Stetten, Chrischona e simili, dunque bisogna che parli.

I *vostri* progetti, ai quali ho acconsentito, non hanno prodotto nessun risultato; prima di finire in manicomio o di diventare giardiniere o falegname, non potrei, almeno una volta, tentare con i *miei* progetti? Ecco la mia preghiera (so che in queste cose ami la precisione):

Vorrei tentare di guadagnarmi il pane con quello che ho imparato da autodidatta. Potrei iniziare dove ho già un appoggio: Cannstatt, Eßlingen, Stoccarda. Ma a tal fine ho bisogno dei documenti necessari per la polizia e, all'inizio, di denaro. Senza un po' di marchi non potrei nemmeno raggiungere Eßlingen, e se ci arrivassi in un momento poco opportuno, mi mancherebbe anche il pane. Dunque all'inizio *devo* naturalmente ricorrere all'aiuto di qualcuno. In seguito, cioè al più presto, spero di guadagnare qualcosa. Perciò, detto in parole povere: ti prego (invece dei mille marchi che comunque sarebbero il minimo indispensabile per diventare commerciante o altro) di rendermi la *libertà*, ovvero di aiutarmi a ottenere i documenti necessari, di darmi un po' di denaro per gli inizi, e il permesso di fare ancora capo a voi, almeno nei primi tempi, per cose come biancheria, ecc.

Hai speso molto per portare avanti i tuoi progetti su di me, e non vorresti impiegare un po' di denaro per darmi l'occasione di sperimentare quanto valgono sul piano pratico i miei progetti... Se poi mi dovesse andare bene, tanto meglio! Altrimenti sarà infine dimostrata l'inutilità delle mie speranze, e mai più pretenderò di avere una mia volontà, e cioè che mi venga risparmiato il manicomio.

Hermann

Non si arrivò a un altro ricovero in una casa di cura dal momento che Hermann, sedicenne, decise di entrare come apprendista nella fabbrica di orologi da campanile di Calw.

L'uomo, così come la natura lo crea, è qualcosa di imprevedibile, impenetrabile, pericoloso. È un torrente che precipita giù da un monte sconosciuto, è una foresta vergine senza sentiero né ordine. E, come la foresta dev'essere sfoltita e diradata e delimitata con la forza, così la scuola deve spezzare l'uomo naturale, delimitarlo con la forza; il vostro compito è fare di lui, secondo i principi sanciti dalle autorità superiori, un membro produttivo della società, e destare in lui quelle qualità il cui pieno sviluppo sarà poi coronato dalla disciplina scrupolosa della caserma che le completa.

Nulla inorridisce gli insegnanti più delle strane manifestazioni che si palesano nella natura di quei ragazzi precoci nell'età, senza dubbio pericolosa, del fermento adolescenziale... Fin dai tempi antichi si è consolidata una profonda frattura tra il genio e il corpo insegnanti, e i professori aborriscono a priori quello che questi giovani esprimono a scuola. Per costoro i geni sono quegli scellerati che non nutrono rispetto verso di loro, che cominciano a fumare a quattordici anni, a quindici si innamorano, a sedici frequentano le osterie, leggono libri proibiti, scrivono componimenti insolenti, a volte fissano l'insegnante con un'espressione di scherno, e nel diario di classe vengono segnalati come caporioni e candidati al carcere. Un maestro di scuola preferisce avere in classe qualche somaro anziché un genio, e tutto sommato ha davvero ragione, perché il suo compito non è quello di formare spiriti stravaganti, bensì latinisti, contabili e brave persone. E tuttavia non è possibile dire chi dei due soffra di più per la colpa dell'altro, l'insegnante per via del ragazzo o viceversa, chi dei due sia più tiranno e importuno, chi tra i due guasti e amareggi all'altro l'animo e la vita, senza pensare con rabbia e vergogna alla propria giovinezza. Ma questo non è compito nostro, e quanto ai veri geni, ci resta la consolazione che quasi sempre le loro ferite si cicatrizzano e, a dispetto della scuola, producono opere di valore; e più tardi, una volta morti e avvolti dalla piacevole aura della lontananza, vengono presentati dai maestri alle nuove generazioni come fulgidi e nobili esempi. E così di scuola in scuola si ripete lo spettacolo della lotta tra la legge e lo spirito, e sempre di nuovo vediamo Stato e scuola impegnati fino all'ultimo respiro a fiaccare alle radici quegli spiriti profondi e preziosi che ogni anno fanno la loro comparsa. E sempre, ogni volta, sono soprattutto gli odiati dai maestri di scuola, quelli spesso puniti, quelli che fuggono o vengono espulsi, ad arricchire più tardi il tesoro spirituale del nostro popolo. Ma alcuni – chissà quanti – si macerano in un silenzioso disdegno e soccombono.

I giovani trovano nei miei scritti un rafforzamento dell'elemento individuale, mentre gli insegnanti perseguono l'esatto contrario: la massima normalità e uniformazione delle giovani anime, come del resto è comprensibile e in perfetta regola. Che entrambe le funzioni, la mia che incita all'individualismo e quella normalizzatrice della scuola, siano necessarie e si completino a vicenda, siano complementari come l'inspirare e l'espirare e tutti i fenomeni bipolari, ebbene, riconoscere tutto questo e sapersi uniti nell'amore con l'avversario anche laddove è necessario opporgli resistenza, richiede un po' di saggezza, di rispetto e di devozione, qualità che oggi è difficile supporre di trovare, e non soltanto in un maestro. Il mondo è, e forse lo sarà ancora a lungo, nelle mani dei *Grands Simplificateurs*, dai quali probabilmente potremo emanciparci solo dopo una catastrofe di cui, nel 1914, abbiamo visto soltanto i prodromi.

NELLA NEBBIA

Strano, vagare nella nebbia!
È solo ogni cespuglio e ogni pietra,
né gli alberi si scorgono tra
loro, ognuno è solo.

Pieno di amici mi appariva il mondo
quando era la mia vita ancora chiara;
adesso che la nebbia cala
non vedo più alcuno.

Saggio non è nessuno
che non conosca il buio
che lieve e implacabile
lo separa da tutti.

Strano vagare nella nebbia!
Vivere è solitudine.
Nessun essere conosce l'altro,
ognuno è solo.

Non vorrà mica considerare uomini tutti i bipedi che passano per strada soltanto perché camminano diritti e la gestazione dei loro figli dura nove mesi! Lei capisce che molti di loro sono pesci o pecore, vermi o sanguisughe. E quanti sono formiche, quanti api! Certo in ognuno di loro ci sono possibilità di diventar uomini, ma solo quando lo intuiscono e imparano a rendersene conto, queste possibilità appartengono a loro.

L'UOMO DELLA FORESTA

In tempi antichissimi, ancor prima che l'umanità dei primordi avesse interamente popolato la terra, esistevano gli uomini delle foreste. Vivevano l'uno accanto all'altro, timidi e impauriti, nella penombra delle foreste tropicali, costantemente in lite con i parenti più prossimi, le scimmie, e ogni loro pensiero e qualsiasi loro azione era sovrastata da un unico dio e una sola legge: la foresta. La foresta era patria, rifugio, culla, nido e tomba e non si riusciva a immaginare nessuna possibile esistenza fuori dalla foresta. Si evitava perciò di oltrepassare i suoi limiti, e chi per un caso del destino lo aveva fatto, spinto dalla necessità della caccia o della fuga, raccontava, tremante e atterrito, di aver scorto là fuori un enorme vuoto bianco e uno spaventoso nulla abbagliare nelle mortali arsure del sole. Viveva ancora un vecchio uomo della foresta che una decina di anni addietro, inseguito dalle belve, aveva valicato il limite estremo del bosco e spintosi all'aperto era divenuto cieco. Si era poi trasformato in una sorta di sacerdote e santone e veniva chiamato *mata dalam* (colui che ha lo sguardo rivolto in sé); aveva composto il sacro inno della foresta che veniva cantato quando scoppiavano i grandi temporali e tutti ascoltavano le sue parole. Essere riuscito a vedere con i suoi occhi la luce del sole senza per questo dover morire era il suo profondo mistero e la ragione della sua gloria.

Gli uomini della foresta erano piccoli, bruni e ricoperti da una fitta peluria; camminavano inclinati in avanti e avevano uno sguardo selvaggio e timoroso. Potevano adottare l'andatura degli uomini oppure quella delle scimmie e sentirsi ugualmente sicuri in alto, sulle cime degli alberi, oppure a terra. Non conoscevano ancora case o capanne, ma erano già in grado di usare alcune armi, gli attrezzi di lavoro e si ornavano di gioielli. Sapevano costruire archi, frecce, lance e delle mazze di duro legno, monili di rafia con ciondoli di bacche essiccate o di noci e infine adornavano le chiome e il collo con oggetti per loro preziosi: denti di cinghiale, artigli di tigre, piume di pappagallo, conchiglie di fiume. Al centro dell'immensa foresta scorreva il grande fiume, ma gli uomini della foresta osavano avvicinarsi alle sue rive solo a notte fonda e molti non lo avevano neppure mai visto. I più coraggiosi osavano farsi largo tra i cespugli in piena notte, stando sempre all'erta, per vedere gli elefanti bagnarsi nell'incerto chiarore, poi alzavano lo sguardo verso la cima degli alberi e scorgevano, intimoriti, tra la fitta rete dei rami di mangrovia, il luccichio delle stelle. Non vedevano mai il sole e pareva già estremamente pericoloso scorgerne i riflessi d'estate.

In quella tribù di uomini della foresta, guidata dal cieco *mata dalam*, viveva anche il giovane Kubu, che era capo e portavoce di tutti gli adolescenti e degli insoddisfatti; c'era scontentezza, infatti, da quando *mata dalam* invecchiando era diventato dispotico. Fino ad allora, essendo cieco, annoverava tra i suoi diritti anche quello di venir nutrito; i suoi consigli erano ascoltati e veniva cantato il suo inno. Col tempo però introdusse nuove e fastidiose usanze che, secondo le sue parole, gli erano state rivelate in sogno dalle divinità della foresta. Ma alcuni giovani, seguiti da altre persone incredule, sostenevano che il vecchio fosse un impostore preoccupato solo di perseguire il proprio vantaggio.

La nuova usanza, recentemente introdotta da *mata dalam*, era la cerimonia per la luna nuova, in cui egli si disponeva al centro di un cerchio suonando un tamburo ricavato da una corteccia d'albero, mentre tutti gli altri erano costretti a danzargli continuamente attorno cantando la canzone *golo elah* sino a quando, stremati, cadevano a terra in ginocchio. Allora, ognuno doveva trafiggersi l'orecchio sinistro con una spina mentre le donne venivano portate innanzi al sacerdote, che a sua volta trafiggeva loro l'orecchio con una spina.

Kubu, insieme ad altri giovani della sua età, si era ribellato a questa usanza e tutti insieme speravano di indurre anche le fanciulle al rifiuto. Una volta furono quasi sul punto di vincere e di infrangere il potere del sacerdote. Durante una festa per la luna nuova, il vecchio, come consuetudine, era intento a trafiggere l'orecchio sinistro delle fanciulle, ma una tra loro, particolarmente robusta, si ribellò urlando ferocemente e così, nel trambusto, il vecchio le trafisse con la spina l'occhio che fuoriuscì dall'orbita. Allora, la fanciulla urlò di disperazione facendo accorrere tutti, e quando si comprese ciò che era accaduto vi fu un silenzio carico di sdegno e di stupore. Ma quando i giovani vollero intervenire baldanzosi e Kubu osò persino afferrare il sacerdote alla spalla, il vecchio si alzò davanti al suo tamburo e con voce beffarda e gracidante pronunciò una maledizione, così terribile da far fuggire tutti per la paura mentre al giovane si raggelò il cuore in petto. Il vecchio santone pronunciava parole, di cui nessuno riusciva a capire esattamente il senso, ma che per il loro tono terribile e violento ricordavano quelle sacre e temute delle celebrazioni rituali. Il vecchio maledì gli occhi del ragazzo, augurandosi che fossero dati in pasto agli avvoltoi e maledì le sue interiora profetizzando che un giorno si sarebbero arrostite a cielo aperto sotto il calore del sole. Poi il sacerdote, che in questo momento aveva raggiunto il massimo del suo potere, ordinò che fosse portata al suo cospetto la giovane fanciulla e con la spina le trafisse anche il secondo occhio, mentre ognuno assisteva sgomento senza neppure osare respirare.

«Tu morrai lontano», con queste parole il vecchio aveva maledetto Kubu e da quel momento il giovane era stato messo al bando come un condannato. "Lontano" voleva dire fuori dalla patria, fuori dalla penombra della foresta!

"Lontano" significava paura, arsura del sole e un vuoto torrido, mortale.

In preda al terrore, Kubu era fuggito via e quando si rese conto che tutti lo evitavano, si nascose in un tronco cavo dandosi per perso. Restò lì per giorni e notti mentre nel suo animo si alternavano la paura della morte e sentimenti di odio, senza sapere se gli uomini della sua tribù sarebbero venuti per ucciderlo o se il sole stesso irrompendo nella foresta lo avrebbe assediato per dargli la caccia e annientarlo. Ma non accadde nulla, non arrivarono né frecce né lance, né il sole né il lampo, non sopraggiunse nulla se non un profondo sfinimento e i persistenti morsi della fame.

Allora Kubu si rimise in piedi sgusciando fuori dal tronco, con la mente lucida e quasi con un senso di delusione.

"La maledizione del sacerdote non conta nulla" pensò con un certo stupore, poi si mise alla ricerca di cibo e quando ebbe mangiato si sentì la vita rifluire nuovamente nelle vene, il suo animo si gonfiò ancora di odio e orgoglio. Ora non desiderava più unirsi ai suoi, ora voleva essere un solitario e un esiliato, uno da odiare e contro il quale le maledizioni del sacerdote, quella belva cieca, nulla potevano. Voleva essere solo e restare solo, ma prima voleva prendersi la sua vendetta.

Così, pensieroso, si mise in cammino. Rifletteva su tutto ciò che gli aveva destato dei dubbi e gli era parso ingannevole e soprattutto pensava al tamburo del sacerdote e alle sue cerimonie e mentre sempre più si immergeva nei suoi pensieri, in solitudine, riusciva a vedere ogni cosa con maggiore chiarezza: sì, era un inganno, tutto era inganno e menzogna. E giunto ormai così lontano con le sue riflessioni, si spinse ancora più avanti rivolgendo la sua diffidenza ormai estremamente acuita, verso tutte le cose ritenute sacre e inviolabili. Che senso potevano avere, ad esempio, il dio dei boschi e l'inno della foresta? Oh, non c'era nulla di vero, si trattava ancora di un inganno! E, superando un segreto turbamento, intonò il canto del bosco, beffardo, con voce sprezzante e storpiando ogni parola: per tre volte pronunciò il nome del dio della foresta, che nessuno, pena la morte, poteva pronunciare all'infuori del sacerdote, ma tutto restò tranquillo, non scoppiò alcuna tempesta e nessun fulmine si abbatté su di lui!

Per giorni e settimane quest'uomo ormai votato alla solitudine vagò senza meta con la fronte aggrottata e lo sguardo pungente. Osò persino ciò che nessuno aveva mai osato e in una notte di luna piena raggiunse le rive del fiume. Prima si limitò a guardare l'immagine riflessa nell'acqua e poi osservò direttamente la luna piena e tutte le stelle, a lungo, col suo sguardo ardito, e non gli accadde alcun male. Trascorse intere notti di luna sulla riva, beandosi nell'ebbrezza proibita di quella luce e inseguendo i suoi pensieri. Nel suo animo andavano formandosi molti progetti arditi e terribili. La luna mi è amica, pensava, anche le stelle mi sono amiche, ma il vecchio cieco è il mio nemico. Allora forse questo "lontano" può essere più desiderabile di quanto abbiamo "vicino", e anche la sacralità del bosco potrebbe essere solo una fola! Allora, anticipando varie generazioni, una notte concepì un'idea perversa e fantastica, scoprì che era possibile legare insieme dei tronchi d'albero con della rafia, sedervici sopra e lasciarsi trascinare lungo il fiume. I suoi occhi luccicarono e il suo cuore iniziò a battere furiosamente, ma l'idea non poteva realizzarsi perché il fiume era pieno di coccodrilli.

Allora non rimaneva altra strada per andare incontro al futuro se non quella di uscire dalla foresta valicandone il limite, sempre che questo limite esistesse poi davvero, per poter conquistare le infide lontananze, il torrido vuoto assolato. Il mostro, rappresentato dal sole, doveva venire affrontato e vinto. Perché forse – chissà – anche l'antica leggenda della mostruosità del sole poteva rivelarsi una menzogna!

Questo pensiero, l'ultimo di tutta una serie di idee ardite e febbrilmente concitate, fece tremare Kubu per la paura. Mai a memoria d'uomo l'abitante della foresta aveva osato spingersi tanto lontano da esporsi ai pericoli del sole. Così vagò per giorni e giorni avendo sempre in mente questo pensiero e finalmente prese coraggio. In pieno mezzogiorno strisciò circospetto verso il fiume raggiungendo la riva luccicante e cercando con sguardo timoroso l'immagine del sole riflessa nell'acqua. Quel bagliore violento ferì i suoi occhi abbacinati tanto che fu costretto a richiuderli rapidamente, ma dopo qualche istante osò riaprirli, e poi provò ancora finché vi riuscì. Dunque era possibile, era sopportabile; anzi, quella vista dispensava gioia e incuteva coraggio. Kubu aveva finalmente preso confidenza col sole. Imparò ad amarlo anche se avesse dovuto morirne e prese a odiare la vecchia foresta cupa e pigra, dove i sacerdoti berciavano e dove lui, giovane coraggioso, era stato messo al bando e cacciato.

Ora la sua decisione era maturata ed egli la raccolse come un dolce frutto. Portando con sé un nuovo e agile martello di legno duro, che aveva fissato a un manico esile e sottile, il mattino seguente di buon'ora si mise sulle tracce del *mata dalam*, le trovò e infine trovò anche lui, lo colpì col martello sulla testa e vide esalare l'anima dalla sua bocca contratta. Gli pose l'arma sul petto perché si sapesse chi aveva ucciso il vecchio; sul lato liscio del martello aveva faticosamente inciso un emblema: un cerchio con innumerevoli raggi, l'immagine del sole.

Coraggiosamente iniziò il suo cammino per andare "lontano" e dal mattino alla sera non fece che procedere diritto; la notte dormiva tra i cespugli e alle prime luci dell'alba proseguiva il cammino, per molti giorni, attraversando ruscelli e nere paludi, risalendo pendii e rocce muschiose che vedeva per la prima volta; poi la salita si fece più scoscesa, ostacolata dalle gole, infine riuscì a raggiungere i monti sempre circondato da quell'eterna foresta, tanto che cominciò a disperare e a convincersi che forse veramente un dio aveva vietato alle creature del bosco di abbandonare la loro patria.

Poi una sera, quando ormai da molto tempo non aveva fatto che salire, respirando un'aria sempre più sottile, secca e leggera, quasi senza avvedersene arrivò alla fine. La foresta era finita, ma anche il terreno si apriva su un baratro vuoto come se in questo punto il mondo si fosse spezzato. All'orizzonte si scorgeva solo un tenue rossore e in alto nel cielo alcune stelle che annunciavano la notte.

Kubu si sedette ai margini del mondo legandosi forte alle liane per non precipitare di sotto. Trascorse la notte in preda al terrore e a un'intensa agitazione senza poter chiudere occhio, e alle prime luci dell'alba, irrequieto, si levò in piedi con un balzo e attese che diventasse giorno scrutando l'abisso.

In lontananza luccicavano strisce gialle di una luce stupenda e il cielo pareva tremare di una spasmodica attesa, così come tremava Kubu che per la prima volta assisteva al farsi del giorno in un orizzonte libero. Fasci di luce gialla infiammavano il cielo e d'improvviso, al di là dell'immane abisso del mondo, il sole balzò in cielo come una enorme sfera rossa. Balzò in alto da un infinito e informe nulla grigiastro che presto divenne di un blu intenso: il mare.

Innanzi all'uomo della foresta, tremante, si schiudevano le lontananze. Poco oltre i suoi piedi il monte sprofondava in un abisso indistinto, pervaso di vapori, e di fronte si innalzava, rosata e brillante come una pietra preziosa, una montagna di roccia, da un lato si stendeva l'immenso specchio d'acqua del mare oscuro delimitato dalla costa bianca, schiumosa, con tanti piccoli alberi che parevano ondeggiare. E sopra ogni cosa, sopra tutte queste mille forme nuove e possenti si innalzava il sole che gettava sul mondo un fiume incandescente di luce, così da infuocarlo nei suoi ridenti colori.

Kubu non riuscì a guardare il sole, ma vide la sua luce inondare di maree colorate i monti e le rocce, le coste e le isole nelle azzurre lontananze; allora cadde in ginocchio col volto a terra per venerare le divinità di questo mondo luminoso. Oh, ma lui chi era, lui, Kubu? Era solo un piccolo, immondo animale, che aveva trascorso tutta la sua miserevole esistenza negli acquitrini sempre in ombra nel cuore della foresta, intimidito e scontroso, sottomesso a spregevoli divinità. Ma qui il mondo gli si schiudeva e il suo supremo dio era il sole e ormai aveva dietro di sé il lungo e vergognoso incubo della sua vita nella foresta, che andava spegnendosi senza quasi lasciargli tracce nell'anima come l'immagine sfuocata del santone morto. Aiutandosi con le mani Kubu scendeva lungo l'abisso per potersi avvicinare alla luce e al mare, e nel suo animo aleggiava in una fulminea ebbrezza il sogno ideale di una terra luminosa, governata dal sole, dove uomini luminosi e liberati potevano vivere alla luce senza essere soggetti a nessuno se non alla maestà del sole.

IL MONDO NOSTRO SOGNO

Di notte in sogno le città e la gente,
mostri, castelli in aria,
tutto, sai, tutto si leva
dall'oscuro antro dell'anima,
è tua immagine e tua opera,
è tuo sogno.

Va' di giorno per strade e vie,
guarda nelle nuvole, nei volti,
e sorpreso capirai:
sono tuoi, ne sei tu il poeta!
Tutto ciò che davanti ai tuoi sensi
cento volte vive e fa giochi di prestigio,
è tuo, è in te,
sogno che culla la tua anima.

Incedi in eterno dentro di te,
ora ti limiti, ora ti dilati,
sei oratore e ascoltatore,
sei creatore e distruttore.
Virtù magiche a lungo dimenticate
ordiscono un sacro inganno.
E il mondo, sconfinato,
vive del tuo respiro.

TENACIA

C'è una virtù che molto amo, l'unica. Essa ha nome tenacia. Delle molte virtù di cui leggiamo nei libri e di cui sentiamo parlare i maestri non so che farmene. E, d'altro canto, tutte le molte virtù che l'uomo si è inventato potrebbero essere raccolte sotto un'unica denominazione. Virtù significa obbedienza. Solo che c'è da chiedersi *a chi* si obbedisce. Anche la tenacia, infatti, è obbedienza. Ma tutte le altre virtù, tanto amate e lodate, sono obbedienza a leggi che sono state imposte da uomini; soltanto la tenacia non si inchina a queste leggi. Chi è tenace obbedisce infatti a un'altra legge, una legge particolare, assolutamente sacra, la legge che ha in se stesso, il "tenere a se stesso".

È davvero un peccato che la tenacia sia così poco apprezzata! La si fa forse oggetto di stima? Nient'affatto, viene anzi considerata un vizio o per lo meno una brutta abitudine assai deplorevole. La si indica chiara e tonda con il suo bel nome soltanto quando disturba e suscita odio. (Del resto, le vere virtù sempre disturbano e suscitano odio. Vedi Socrate, Gesù, Giordano Bruno e tutti gli altri tenaci.) Laddove, in parte almeno, ci si prefigga di far valere la tenacia come vera virtù o almeno bell'ornamento, ecco che la pregnanza della definizione viene a esserne svilita. "Carattere" ovvero "personalità"; definizioni che non suonano drastiche e poco meno che deplorevoli quanto "tenacia". Hanno già una connotazione più accettabile, e anche "originalità" all'occorrenza appare ammissibile, ovviamente solo nel caso di stravaganti tollerati, come artisti e simili. Nel caso dell'arte, dove la tenacia non può provocare danni evidenti per il capitale e la società, la si tiene in alto conto come originalità, e negli artisti una certa tenacia è ritenuta addirittura auspicabile: la si paga bene. In tutti gli altri casi, invece, con il nome di "carattere" o "personalità" nel linguaggio della quotidianità si designa qualcosa di quanto mai bizzarro, vale a dire un carattere che esiste, che può essere esibito e messo in risalto, ma che in tutte le occasioni importanti si inchina accuratamente alle leggi esterne. Si definisce di "carattere" un uomo che ha alcuni punti di vista e opinioni personali, ma non vive in obbedienza a essi, limitandosi a lasciar intendere di tanto in tanto, con finezza, che lui la pensa diversamente, che ha le sue idee. In questa forma attenuata e frivola, il "carattere" è considerato una virtù anche da parte dei contemporanei. Ma a chi abbia davvero idee proprie, e davvero viva in conformità ad esse, il certificato laudativo di "carattere" non viene concesso, gli si riconosce soltanto "tenacia". Decidiamoci dunque a prendere la parola alla lettera. Che cosa significa "tenacia"? Mi pare che designi ciò che è coerente con se stesso. O mi sbaglio?

Ora, ogni cosa sulla terra, non una esclusa, è "coerente

con se stessa". Non c'è pietra, filo d'erba, fiore, arbusto, animale, che non cresca, viva, agisca e senta in coerenza con se stesso, e a questo si deve se il mondo è buono, ricco e bello, a questo si deve se ci sono fiori e frutti, querce e betulle, cavalli e polli, zinco e ferro, oro e carbone: tutte cose che esistono unicamente per il fatto che fin la più piccola particella nell'universo è coerente con se stessa, ha in se stessa la propria legge, a essa obbedisce con assoluta sicurezza ed esattezza.

Al mondo ci sono soltanto due poveri, dannati esseri, ai quali non è concesso di seguire quest'eterna esortazione e di essere, crescere, vivere e morire come è loro imposto dalla coerenza in essi innata: soltanto l'uomo e l'animale domestico da lui domato sono condannati a obbedire non già alla voce della vita e della crescita, bensì a questa o quella legge formulata da uomini e che di tanto in tanto da uomini viene infranta e mutata. Ed è proprio questa la cosa più straordinaria: quei pochi che disprezzano le leggi che sono frutto di arbitrarietà per obbedire alle proprie naturali leggi sono stati per lo più condannati e lapidati, ma in un secondo tempo loro, proprio loro, messi per sempre sugli altari quali eroi e liberatori. La stessa umanità che pregia e promuove, quale suprema virtù tra i viventi, l'obbedienza alle sue leggi arbitrarie, quella stessa umanità accoglie nel suo pantheon sempiterno proprio coloro che si sono opposti a quell'imposizione e che hanno preferito rinunciare alla vita anziché essere infedeli alla loro "coerenza interiore".

Il "tragico", quella parola meravigliosamente alta, misticamente sacra che ci viene, fonte di tremore, da una mitica infanzia dell'umanità, e di cui ogni cronista ogni giorno fa un così infame abuso – il "tragico" null'altro significa se non il destino dell'eroe il quale va alla rovina perché segue la propria stella in opposizione alle leggi convenzionali. Per questo, e soltanto per questo, all'umanità si offre la cognizione della sua "coerenza interiore". Infatti, l'eroe tragico, il tenace, mostra a milioni di mediocri, di vili – e lo fa di continuo – che la disobbedienza nei confronti degli umani statuti, lungi dall'essere un brutale arbitrio, è al contrario fedeltà a una legge assai più alta, assai più santa. Per dirla altrimenti: l'umano spirito di aggregazione esige da ciascuno soprattutto adattamento e assoggettamento, e tuttavia i supremi onori non li riserva affatto ai pazienti, ai codardi, agli arrendevoli, bensì proprio ai tenaci, agli eroi.

Che cattivo uso fanno della lingua i cronisti definendo "tragico" qualsiasi incidente che avvenga in una fabbrica (per quei pagliacci, tragico è sinonimo di "deplorevole")! Ma altrettanto impropria è l'usanza, oggi di moda, di fare di ogni povero soldato massacrato sul campo di battaglia un esempio di "morte eroica": termine caro anche ai sentimentali, soprattutto a coloro che sono rimasti a casa. I soldati che cadono in guerra sono certamente degni di tutta la nostra compassione; sovente hanno sopportato e sofferto l'indicibile, finendo per pagare con la propria vita. Ma non per questo sono "eroi", e non lo è colui che un momento prima era un semplice soldato trattato come un cane dal suo ufficiale e che la pallottola assassina muta di colpo in eroe. La trasformazione di intere masse, di milioni di esseri umani in "eroi" è cosa del tutto insensata.

L'"eroe" non è affatto il bravo, obbediente borghese, colui che assolve al proprio compito. Eroico può essere soltanto il singolo che ha fatto della "coerenza interiore", della sua nobile, innata tenacia, il proprio destino. E "destino e indole sono due nomi di un unico concetto" ha detto Novalis, uno dei più profondi e più sconosciuti spiriti tedeschi. Ma soltanto l'eroe è colui che trova in sé il proprio destino.

Se la maggioranza dell'umanità fosse dotata di altrettanto coraggio, di altrettanta tenacia, la terra avrebbe tutt'altro volto. Vero è che i nostri insegnanti stipendiati (gli stessi che sanno tanto bene esaltare gli eroi e i tenaci di tempi antichi) affermano che in tal caso tutto andrebbe a catafascio; prove non ne possiedono, ma non ne hanno bisogno. In realtà, per gli esseri umani che seguono autonomamente la loro legge e la loro coerenza interiore, la vita sarebbe più ricca e più degna. Nel loro mondo più di un'invettiva, più di un duro schiaffo resterebbero forse impuniti, mentre oggi tengono occupati rispettabili magistrati. Né è escluso che si verificherebbero di tanto in tanto anche omicidi – ma forse che questo non avviene pure oggi, nonostante tutte le leggi e le punizioni? D'altro canto, certe cose spaventose, indicibilmente tristi e insensate, che vediamo accadere nel bel mezzo del nostro mondo così ben ordinato, sarebbero sconosciute e impossibili. Ad esempio, guerre tra nazioni.

A questo punto mi sembra di udire le autorità proclamare: "Ma tu predichi la rivoluzione!".

Ed ecco un altro errore, possibile soltanto tra uomini-massa. Io predico la tenacia, non già la sovversione. Come potrei desiderare la rivoluzione? La rivoluzione è null'altro che guerra, al pari di questa è una "continuazione della politica con altri mezzi". Ma all'essere umano che abbia trovato il coraggio per accettare se stesso e che abbia prestato orecchio alla voce del proprio destino, della politica non interessa più nulla, sia essa monarchica o democratica, rivoluzionaria o conservatrice. I suoi interessi sono di tutt'altro genere. La sua "tenacia", al pari di quella profonda, sublime, divina di ogni filo d'erba, è volta unicamente alla propria crescita. "Egoismo", se si vuole; solo che quest'egoismo è ben diverso da quello, famigerato, dell'accaparratore di denaro o dell'assetato di potere.

L'essere umano dotato di quella "coerenza interiore" cui mi riferisco non aspira né a denaro né a potere; e non li disprezza perché sia un virtuoso e un rassegnato altruista: al contrario! Semplicemente, potere, denaro e tutte le cose per amore delle quali gli esseri umani si tormentano e finiscono per ammazzarsi a vicenda hanno ben poco valore agli occhi dell'uomo approdato a se stesso, del tenace. Il quale tiene in alto conto una cosa sola, quella segreta forza che è in lui; che lo sprona a vivere e lo aiuta a crescere: una forza che il denaro e il resto non sono in grado di mantenere, di innalzare, di approfondire. Denaro e potere, infatti, sono invenzioni della diffidenza. Chi diffida della forza vitale nel proprio intimo, colui al quale essa faccia difetto, dovrà vicariarla con surrogati quali appunto il denaro. Per chi ha fiducia in se stesso, per chi desidera soltanto sperimentare e dar forza dentro di sé al proprio destino in piena libertà, quegli ausili sopravvalutati, gonfiati e rigonfiati si ridurranno a strumenti ancillari, il cui possesso e uso potrà essere piacevole ma mai decisivo.

Ah, come la amo, questa virtù, la tenacia! Quando se ne abbia cognizione e almeno in parte la si sia scoperta in se stessi, ecco che le molte virtù tanto esaltate appaiono tutte quante assai dubbie.

Una di esse è il patriottismo. Contro il quale non ho proprio nulla. Il patriottismo colloca, al posto del singolo, un'entità più ampia. Ma viene valutato una virtù vera e propria solo quando si comincia a sparare, che è un mezzo ingenuo e risibilmente inadeguato di "continuare la politica". Il soldato che viene ammazzato dal nemico passa sempre per un patriota di più elevata statura del contadino che coltiva al suo meglio la terra, e ciò perché ne ricava un vantaggio. E non si può non ridere del fatto che, per la nostra contorta morale, viene ritenuta ambigua quella virtù che comporta un beneficio e un vantaggio per chi ne è dotato.

E questo perché? Perché siamo abituati ad assicurarci vantaggi sempre a scapito di altri. Perché, pieni di diffidenza come siamo, riteniamo di dover sempre appuntare lo sguardo proprio su ciò che un altro possiede.

Il capotribù ritiene che la forza vitale del nemico da lui ucciso lo compenetri; ma questa povera concezione da selvaggi non sta, tale e quale, a fondamento di ogni forma di concorrenza e diffidenza tra esseri umani? Ben più felici saremmo se mettessimo almeno sullo stesso piano del soldato il bravo contadino! Se potessimo sbarazzarci della superstizione secondo cui ciò che un singolo individuo o un popolo guadagna in fatto di vita e di gioia di vivere debba essere assolutamente strappato ad altri!

A questo punto il maestro affermerà: «Sono parole assai belle, certo, ma per favore, si decida a guardare le cose nella loro concretezza, da un punto di vista economico! La produzione mondiale...».

Al che io replico: «No, grazie. Il punto di vista economico non è affatto concreto, è semplicemente un paio di occhiali che permettono di vedere la realtà in maniera assai diversa. Ad esempio, prima della guerra si poteva comprovare, in termini economici, che una guerra mondiale era impossibile o che non poteva durare a lungo. Oggi, sempre in termini economici, si può provare esattamente il contrario. E dunque, prendiamo in considerazione realtà anziché simili fantasie».

Questi "punti di vista" non valgono un bel nulla, quale che sia il loro nome e chiunque siano i professoroni che se ne fanno portavoce. Non sono che trappole. Noi non siamo né calcolatrici né meccanismi. Siamo essere umani. E per l'essere umano si dà solo *un* punto di vista naturale, solo *un* metro di misura naturale: quello del tenace. Per il tenace non si danno destini né del capitalismo né del socialismo, per il tenace non ci sono Inghilterra e America, ai suoi occhi null'altro ha vita se non la tacita, imprescindibile legge nel suo petto, obbedire alla quale riesce tanto difficile all'uomo seguace della comoda tradizione, mentre per il tenace significa destino e divinità.

A quanto pare i popoli non "imparano" assolutamente nulla dalle guerre, siano esse vinte o perse, e tra tutte le attività sembra proprio l'apprendimento quella cui è più difficile indurli. Quanto avrebbero potuto imparare i vincitori, e quanto i vinti, dalle guerre del 1870, del 1914 e del 1939! Ma sembra che a imparare non siano mai né i popoli né la classe dirigente, bensì sempre e soltanto una cerchia ristretta e impotente di intellettuali. Questa piccola cerchia priva di influenza produce, è vero, conoscenze e sancisce verità, che però trovano la via per giungere alla massa nella forma distorta dello slogan e con una generazione di ritardo. Sembra dunque che la disperazione debba essere l'unico e legittimo atteggiamento di chi va in cerca della conoscenza, mentre i popoli vivono in modo spensierato e nella continua cecità. E tuttavia dietro, o al di là di ciò che è oggettivo, effettivo e manifesto sembra esistere una realtà più autentica, più stabile e significativa alla quale la nostra filosofia e la nostra religione cercano l'accesso intuito, e grazie alla quale vale ancora la pena di vivere.

Contro le infamie della vita le armi migliori sono: la forza d'animo, la tenacia e la pazienza. La forza d'animo irrobustisce, la tenacia diverte e la pazienza dà pace.

Solo lei è in grado di scoprire il mistero della sua personalità. In nessun caso lei sarà un uomo qualsiasi nella massa; il fatto stesso che oggi sia alla ricerca di qualcosa dimostra come lei faccia parte di quanti si discostano dall'individuo medio e comune. Tuttavia a me sembra che nella sua ricerca lei sia troppo impetuoso. In questo modo si può continuare a cercare per tutta una vita senza riuscire a trovare. Cercare e trovare sono due cose diverse, e cercare con troppa ansia non favorisce il trovare, al contrario.

La mia vita è stata difficile, non così la mia ricerca. Sulla base di tutte le mie attitudini seppi precocemente di volere e di dovere diventare artista. La via per raggiungere questa meta, s'intende, era irta di ostacoli e di spine. La via che dal cercare porta a trovare non è rettilinea, né bastano a percorrerla volontà e ragione. Bisogna tendere l'orecchio, origliare, attendere, sognare, prestare ascolto ai presentimenti. Altro non so.

NUOVA ESPERIENZA

Di nuovo vedo calare il velo
e le cose familiari diventano estranee,
nuovi spazi stellari ammiccano,
l'anima avanza ostacolata dal sogno.

Un'altra volta in nuovi cerchi
il mondo si ordina attorno a me
e, illuso, mi vedo
bambino.

Ma da parti prematuri
sussulta un presagio lontano;
caddero le stelle, sorsero le stelle
e lo spazio non fu mai vuoto.

L'anima si ripiega e si solleva,
respira nell'infinito,
da fili strappati si tesse
nuova e più bella, la veste di Dio.

Se lei è nato per condurre una vita individuale e non dozzinale, troverà la via che conduce alla sua propria personalità e alla sua vita, per quanto difficile sia questa strada. Se lei non è destinato a questo, se le sue forze non sono sufficienti, prima o poi lei dovrà rinunciare e si adatterà alla morale, al gusto e ai costumi della gente comune.

È una questione di forza o, come preferisco credere, di fede: perché spesso si incontrano uomini molto forti che presto falliscono, mentre se ne trovano altri che, gracili e deboli, a dispetto di malattie e debolezza, vengono a capo della vita in modo magnifico, imponendole il proprio stampo anche nella sofferenza.

Ognuno di noi deve trovare per conto suo che cosa sia lecito e che cosa proibito: proibito per lui. Si può non fare mai alcunché di proibito ed essere tuttavia un grande furfante. E viceversa. A rigore, è questione di comodità. Chi è troppo comodo per pensare da sé ed essere giudice di se stesso si adatta ai divieti quali sono. Facile per lui. Altri sentono invece certi comandamenti dentro di sé e considerano proibite cose che qualunque galantuomo fa ogni giorno, mentre sentono lecite altre cose che di solito sono vietate. Ognuno dev'essere garante di se stesso.

Tutto ciò che si fa contro il proprio sentire e contro la propria coscienza interiore per amore di altri, non è buono e prima o poi si paga caro.

Io vivo nei miei sogni. Anche gli altri vivono nei sogni, ma non nei loro, ecco la differenza.

Il problema era trovare il proprio destino, non un destino qualunque, e viverlo tutto e senza fratture dentro di sé. Tutto il resto significava fermarsi a metà, era un tentativo di fuga, il ritorno all'ideale della massa, era adattamento e paura del proprio cuore. Terribile e sacra sorse davanti a me la nuova immagine mille volte intuita, forse già espressa, eppure soltanto ora vissuta. Io ero un parto della natura lanciato verso l'ignoto, forse verso qualcosa di nuovo o forse anche verso il nulla, e il mio compito consisteva unicamente nel lasciare che quel parto si evolvesse dal profondo, nel sentire dentro di me la sua volontà e nel farlo mio.

Le vere personalità hanno sulla terra una vita più difficile ma anche più bella, non godono della protezione del gregge ma delle gioie della propria fantasia e, superati gli anni giovanili, devono farsi carico di una grande responsabilità.

STORIA UNIVERSALE

Quand'ero ragazzo e frequentavo un cattivo ginnasio, quella che veniva definita "storia universale" era per me una cosa degna di profondissimo rispetto, di remoto, nobile e possente, qualcosa di simile a Geova e a Mosè. Un tempo la storia universale era stata presente e reale, aveva lampeggiato e tuonato, ma ormai era da un pezzo tramontata, era diventata remota e venerabile, stava scritta nei libri e gli studenti la imparavano. L'ultimo atto della storia universale di cui noi ragazzi avessimo avuto sentore fu la guerra del 1870. Un evento stupefacente ed eccitante: i nostri padri e zii avevano fatto ancora in tempo a parteciparvi; se avessimo avuto solo qualche anno in più avremmo potuto vivere noi stessi quell'esperienza. La quale doveva essere stata esaltante: guerra, eroismo, bandiere sventolanti, generali a cavallo, imperatori neoeletti. Come ci veniva assicurato con la massima solennità e attendibilità, durante quel conflitto erano state compiute gesta eroiche e meravigliose, le cose erano andate in maniera davvero grandiosa, il loro peso era stato decisivo per il mondo intero, si era usciti dalla solita quotidianità. Uomini e donne avevano compiuto l'inaudito, sopportato l'insopportabile, masse popolari avevano pianto e riso travolte dall'ebbrezza dell'esperienza, estranei s'erano abbracciati per le strade, il coraggio e l'altruismo erano stati addirittura ovvi. Buon Dio, aver vissuto quel momento! Le persone che conoscevamo non erano eroi, non lo erano neppure gli insegnanti che in ore stabilite ci raccontavano queste esaltanti vicende, e non lo erano neppure i nostri padri e zii, molti dei quali tuttavia avevano partecipato a quel grande, eroico conflitto. Eppure, in loro doveva esserci qualcosa, sulla guerra franco-prussiana erano stati stampati grossi volumi illustrati; l'effigie di Bismarck faceva bella mostra di sé su tutte le pareti, ogni autunno si celebrava la ricorrenza di Sedan, ed era il più bel giorno dell'anno. Soltanto verso i quindici anni ho visto offuscarsi tanto splendore. Ho cominciato a dubitare della venerabilità della storia universale, non mi sono lasciato più persuadere che in tempi andati uomini e popoli fossero diversi dai miei contemporanei, che allora vivessero, anziché nella quotidianità, in opere liriche e in epiche rappresentazioni: sapevo che i nostri insegnanti avevano il compito di angariarci e schiacciarci il più possibile, pretendendo da noi virtù che essi non sapevano, e la stessa cosa valeva anche per la storia universale che ci ammannivano e che era un inganno degli adulti per avvilirci e umiliarci.

Che la pensassi in maniera così insensata e irrispettosa sulla storia universale, non era senza motivo. I giovani non vivono di critica e negazione, bensì di sentimenti e ideali. E in me in quegli anni avveniva qualcosa che poi si è prolungato nel tempo: ero divenuto diffidente nei confronti delle voci che provenivano dal di fuori, e tanto più diffidente quanto più ufficiali erano le voci stesse. E anzi cominciavo a convincermi che ciò che è davvero interessante e degno di essere vissuto, ciò che effettivamente ci colma, ci occupa la mente, e non ci dà tregua non è situato fuori di noi, bensì in noi. Non voglio dire con questo che lo sapessi: semplicemente lo sentivo; e cominciai a leggere i filosofi, divenni libero pensatore, sprofondai nei miei poeti preferiti, con la vaga sensazione che era quella la mia strada, la strada che portava a me stesso, e che tutte le altre strade non erano quella di cui avevo bisogno e che era di mia spettanza.

Ebbe inizio in me quello che il Cristo chiama "esame di coscienza" e gli psicoanalisti "introversione". Non sono in grado di dire se questa strada, questo modo di essere e di vivere, sia migliore di un altro; so soltanto che è necessario per i religiosi e per i poeti, i quali non riusciranno mai, per quanto lo vogliano, per quanto si sforzino, a imparare ciò che i nuovi maestri di sapienza ufficiali chiamano "pensare in termini storici".

Per molti anni ho potuto lasciare che il mondo seguisse il proprio corso, e il mondo ha ignorato me. Ai miei occhi, ciò che nel mondo veniva preso sul serio e che aveva un ruolo così importante nei discorsi e negli articoli di fondo, non era che recita e vano attivismo, laddove per il mondo ciò che io facevo, ciò che consideravo degno e santo, non era che fisima e trastullo. E così si sarebbe potuto continuare, senonché, all'improvviso, rieccoti la storia universale! Repentinamente, articoli di fondo, professori universitari e di scuola media presero a proclamare che si era tornati alla storia universale uscendo dalla quotidianità, che aveva avuto inizio una "grande era". Noi poeti e altri individui fuori dal mondo e indifferenti a tutto questo, noi religiosi che esortavamo a diffidare della prepotenza e della spaventosa noncuranza dei nostri capi non eravamo più innocui originali dei quali si potesse ridere: eravamo diventati nemici della patria, disfattisti e sabotatori e quant'altro designavano tutte quelle nuove, belle paroline. Fummo denunciati, messi sulle liste nere; giornali "benpensanti" pubblicarono contro di noi articoli ingiuriosi come schiaffi. Né diversamente andavano le cose in privato. Quando, nella primavera del 1915, osai chiedere a un amico tedesco perché apparisse così spaventosa l'idea che, se le cose si fossero messe in un certo modo, avremmo dovuto restituire l'Alsazia, lui mi fece capire che personalmente era disposto a perdonarmi molte cose, ma che con discorsi del genere fatti con altri avrei rischiato letteralmente la pelle.

Non si faceva che parlare della "grande epoca", senza che mai si riuscisse a vederla. O, per meglio dire, capivo perfettamente perché quel periodo apparisse grande agli altri, ed era perché agli occhi di migliaia di individui per la prima volta balenava un frammento di vita interiore, l'anima faceva capolino. Vecchie zitelle che fino a quel momento non avevano fatto che ingozzare botoli, adesso potevano curare feriti; giovanotti mettevano la propria pelle a repentaglio e così facendo, per la prima volta, con un profondo brivido, percepivano che cosa fosse la vita in tutta la sua pienezza. Non era poco, era anzi qualcosa di grande, qualcosa di enorme – ma lo era soltanto per coloro che pensavano in termini storici e che sapevano che cosa fossero le altre epoche, le grandi epoche. Per noi invece, per i religiosi e i poeti, che credevamo in Dio anche nei giorni di lavoro, e ai quali l'esistenza dell'anima era nota già prima, l'epoca non poteva apparire né più grande né più meschina di qualsiasi altra, e ciò perché, con la nostra parte più intima e più profonda, non vivevamo in essa.

E lo stesso ci accade anche adesso che la storia universale torna alla ribalta e il mondo è teatro di una grande rappresentazione. Oggi accadono molte cose che noi stessi ci auguravamo: cadono potenze che definivamo diaboliche, dal proscenio scompaiono uomini che ritenevamo pericolosi e malvagi, e per questo odiavamo e combattevamo.

Ciononostante, a noi non riesce, neppure oggi, di accedere ai grandi eventi e di partecipare, inebriati, a una nuova "grande epoca". Avvertiamo il tremore della terra, soffriamo con le vittime, ne facciamo nostre la miseria e la fame, ma né in quei dolori, né nelle rosse bandiere, nelle nuove repubbliche e negli entusiasmi popolari riusciamo a scorgere la cosa davvero "grande". Anche adesso riconosciamo e sperimentiamo concretamente soltanto quella che ci sembra la vera anima della storia, il manifestarsi del divino. Per l'imperatore, che era stato nostro nemico, avremmo sentito una profonda partecipazione se gli fosse stato concesso di ritirarsi in maniera grande e degna; e il giovane soldato, che ha gettato la propria vita nel più assurdo e cieco delirio per la patria e per l'imperatore, ci riesce infinitamente più caro e importante del più abile oratore democratico che lo taccia di follia. Democrazia o monarchia, stato federale o confederazione di stati, per noi è tutto lo stesso, perché noi ci interroghiamo esclusivamente sul come, mai sul che cosa. E se accade che un demente commetta l'azione più folle mettendoci tutto l'animo, ci riesce più simpatico di tutti i professori i quali adesso optano per il nuovo regime, probabilmente con la stessa docilità con la quale in precedenza si inchinavano a principi e altari. Noi siamo fanatici assertori di una "trasvalutazione di tutti i valori" – ma questa trasvalutazione deve aver luogo sempre e soltanto dentro i nostri cuori.

Odo le voci di coloro che nel nostro modo di pensare astorico e apolitico non vedono altro che l'altera indifferenza degli "intellettuali". Essi ci ritengono individui per i quali tutto si trasforma in carta, per i quali guerra e rivoluzione, vita e morte, non sono che parole. E ce ne sono, certo; ma con noi essi non hanno niente a che fare. Noi non siamo individui senza principi; o, per meglio dire, ignoriamo principi "buoni" e principi "cattivi", principi di destra e principi di sinistra: conosciamo però uomini di due specie, e solo in base a questa cognizione formuliamo i nostri giudizi; uomini che tentano di vivere secondo i loro principi e uomini che i loro principi se il portano semplicemente in tasca. Il tedesco fedele al Kaiser, incapace di sopportare lo sconvolgimento avvenuto e che, mosso da cavalleresco romanticismo, si toglie la vita ai piedi di un monumento, non lo eleggiamo certo a esempio, ma lo amiamo e lo comprendiamo, laddove disprezziamo il furbo che oggi già parla di gergo rivoluzionario con la stessa facilità con cui ancora ieri parlava quello del patriottismo *démodé*.

Che eventi grandiosi sono oggi in corso, quanti cuori sono tornati a battere, in questi giorni, di dedizione e speranze appassionate! Che fatti straordinari possono verificarsi adesso! Noi originali e predicatori al deserto non ci mettiamo da parte, non siamo indifferenti, non ci sentiamo superiori – semplicemente riteniamo "grande" sempre e soltanto ciò che accade nell'animo umano. La conversione dalla fede nel Kaiser alla fede nella democrazia per noi non è che un cambiamento di bandiera, anche se per migliaia di altri può essere ben di più.

La fine dei quattro anni di guerra, in questi giorni segnata dall'armistizio sul fronte occidentale, non è stata in nessun luogo festeggiata. Si è celebrato invece qui il crollo del despotismo, lì la vittoria. Il fatto che in un'ora precisa si sia posto termine, dopo quattro spaventosi anni, a quell'inutile carneficina non ha in effetti esaltato nessuno. Strano mondo, il nostro! E per quante cose secondarie adesso si ritorna a spaccare vetrine e magari anche teste!

NON UCCIDERE

L'addomesticamento dell'essere umano, il suo sviluppo dal gorilla alla cultura, ha seguito una lunga, lunghissima strada. Dubbie sono le acquisizioni d'ordine pratico sancite dal costume e dalle leggi, ogni occasione è buona per far tornare a galla il feroce atavismo, mettendo in forse tutto ciò che apparentemente era stato raggiunto una volta per tutte. Se l'obiettivo provvisorio dell'evoluzione umana lo vediamo nell'attuazione delle esigenze spirituali, quelle che dal tempo di Zoroastro e di Lao Tze sono state proposte dalle guide spirituali dell'umanità, dobbiamo ammettere che lo stadio attuale è ancora infinitamente più vicino al gorilla che non all'essere umano. Poiché esseri umani noi non siamo ancora, siamo soltanto sulla strada che porta all'umanità.

Alcune migliaia d'anni fa, la legge religiosa di un popolo eletto ha formulato il fondamentale comandamento del "non uccidere" [...]

[...] E noi che nel futuro crediamo, continueremo a proclamare l'antico imperativo: "Non uccidere". Anche se i codici del mondo intero dovessero mettere al bando l'uccisione (compresa quella in guerra e quella a opera del boia), l'imperativo non per questo verrebbe meno, poiché si tratta del fondamento di ogni progresso, di ogni divenire umano. Uccidiamo tanto! E non uccidiamo soltanto nel corso delle stupide battaglie, delle stupide sparatorie rivoluzionarie, per le strade, con le stupide esecuzioni capitali: no, uccidiamo letteralmente a ogni passo che facciamo. Uccidiamo obbligando giovani ad abbracciare, per ragioni di necessità, professioni per le quali non sono tagliati. Uccidiamo, chiudendo gli occhi davanti alla povertà, alla miseria, alla vergogna. Uccidiamo quando, fedeli a comode abitudini, assistiamo passivi al perdurare di defunte istituzioni in seno alla società, allo Stato, alla scuola, alla religione, fingendo di approvarle anziché voltar loro decisamente le spalle. Così come per il socialismo coerente la proprietà è un furto, per il credente coerente del nostro tipo ogni mancato riconoscimento della vita, ogni atteggiamento di durezza, di indifferenza, di disprezzo null'altro è se non uccisione. E si può uccidere non soltanto ciò che è presente, bensì anche ciò che è futuro. Con un po' di ironico scetticismo si può uccidere, in un giovane, un'enorme quantità di futuro. Ovunque attende la vita, ovunque fiorisce il futuro, e sempre noi ne vediamo ben poco, sempre ne schiacciamo molto sotto i piedi. Uccidiamo letteralmente a ogni passo che facciamo.

Ma ciascuno di noi ha, nei confronti dell'umanità, un compito, uno solo. Il quale non consiste certo nel far avanzare di un tantino l'insieme dell'umanità, e neppure nel migliorare una singola istituzione: perché, mio simile, il tuo e il mio compito non è di togliere di mezzo una singola modalità dell'uccidere, per quanto bello e degno ciò sia. Il nostro compito quali esseri umani consiste nel compiere, all'interno della nostra propria, unica, personale esistenza, un passo in avanti sulla strada che dalla bestia porta all'uomo.

Che uccidere non sia in nessuna circostanza il modo più giusto per risolvere i contrasti tra gli uomini è risaputo da tempo immemorabile. Il problema è dunque solo questo:

qualora foste obbligati a uccidere per motivi patriottici, avreste il grande coraggio di rifiutarvi? Un uomo non potrà mai dire né sapere in anticipo con assoluta sicurezza se sarà in grado di rendere l'estremo sacrificio per ciò che ha riconosciuto come giusto. Inoltre, nessun uomo è obbligato a tale sacrificio: è tenuto solo a fare quanto gli è consentito dalle proprie forze. Se in caso di guerra lei opporrà un'aperta resistenza all'ordine di uccidere, o se si accontenterà di mostrare in silenzio un'apparente docilità, questo può deciderlo solo la sua guida interiore, la sua sensibilità e la sua coscienza. Non dobbiamo ascoltare soltanto la ragione e la morale, ma anche la nostra propria natura.

Quando il predicatore dice: «Ascoltate la voce che è in voi!», sono sempre in molti a chiedergli: «Ebbene, cosa dice questa voce, spiegacelo!». Ma il predicatore non è in grado di farlo perché egli non fa appello a una voce per tutti uguale, non chiede l'adempimento di un dovere esprimibile a parole o in dettagli, ma a ciascuno chiede di prestare ascolto alla voce che è in lui, di riflettere sulle sue esigenze.

Sono in molti a domandarsi nelle loro lettere ciò che tu mi chiedi: «Ma allora, che dobbiamo fare?». Al che io devo rispondere: «Non posso dirlo. Non so come stanno le cose con la tua coscienza e le tue forze. Non mi è consentito esigere nulla da te, ma tu puoi farlo!». E se si riflette profondamente su questa voce si riuscirà anche a trovare una via, proprio come io stesso, da due anni e mezzo, devo di nuovo cercarla e trovarla, giorno dopo giorno, settimana dopo settimana. Uno si accontenterà di fare del bene, l'altro si unirà ad amici, l'altro ancora farà l'obiettore di coscienza.

Si ride degli obiettori di coscienza. Secondo me sono il sintomo più prezioso dei tempi, anche se ciascuno di loro dà al suo agire motivazioni particolari. Ma ora si è già avviato un moto serio, e a chi rifiuta di prestare il servizio militare per ragioni morali bisogna offrire l'opportunità di svolgere un servizio civile. Forse questo non verrà accettato, non oggi almeno, ma di certo ci si arriverà, e forse verrà anche un tempo in cui per tre soldati ci saranno dieci obiettori civili, in cui sarà naturale rimettere il mestiere delle armi, nella misura in cui ancora esisterà, nelle mani degli attaccabrighe e dei manigoldi nati. Ma tutto ciò non accadrà mai se prima un gran numero di persone non avrà avuto il coraggio di protestare contro i più, rifiutando di svolgere il servizio militare in virtù di un forte sentimento.

E così accadrà per ogni cosa. Ciò per cui gli uomini mettono a repentaglio la vita, spontaneamente e con coraggio, arriverà a imporsi. La guerra del 1914 ha avuto decine di migliaia di volontari; la guerra del 1918 non ne ha più neanche uno.

La violenza è il male, e la non violenza è l'unica via per coloro che si sono destati. Non sarà mai la via di tutti, ma la via di coloro che vorrebbero fare la storia universale.

Quando si sa da che parte stare si vive più liberi e più tranquilli.

È meglio subire un'ingiustizia anziché usare ingiustizia. È sbagliato voler ottenere ciò che si desidera per mezzo della violenza.

Nella storia universale, non saranno certo i vincitori della prossima guerra a instaurare un'epoca nuova e più limpida, ma probabilmente coloro che soffrono e che rinunciano alla violenza.

L'UOMO IDEALE

Sulla strada che prende avvio dal pesce, dall'uccello e dalla scimmia per portare all'animale belligerante del nostro tempo, sulla lunga strada per la quale, col tempo, speriamo di diventare uomini e dei, non possono essere stati i "normali" a spingere innanzi sulla via del progresso. I normali erano conservatori, preferivano rimanere fermi a ciò che è sano, sperimentato. A una lucertola normale non è mai venuto in mente di provare a volare. Una scimmia normale non ha mai pensato di lasciare l'albero e di camminare sulla terra in posizione eretta. Quella che per prima lo ha fatto, che per prima lo ha sperimentato e che per prima lo aveva sognato, era, tra le scimmie, un visionario, uno stravagante, un poeta, un innovatore, non un normale. I normali, così la vedo io, esistevano per mantenere la forma di un sistema di vita già trovato, di una razza, di una specie, per proteggerlo e consolidarlo così da poter disporre di un sostegno e di una riserva vitale. Ma i visionari esistevano per fare i loro salti e per sognare ciò che non era mai stato pensato, affinché un giorno, chissà, un pesce potesse divenire un animale terrestre e la scimmia un pitecantropo.

Dunque la parola "normale" in verità non indicava nulla di ideale, era soltanto il nome per designare una funzione, cioè quella conservatrice, atta a preservare la specie. "Dotato" o "visionario" era invece il termine per indicare la funzione del gioco e della sperimentazione, del gioco a palla con i problemi. In questo modo si poteva perdere il senno, ci si poteva rovinare e votare al suicidio. Ma in certe circostanze si potevano anche scoprire ali, creare dei. In breve: mentre il normale provvedeva alla conservazione della specie così com'era, compito dell'"intellettuale" era di provvedere che l'altro, l'opposto retaggio dell'umanità, cioè la sua dimensione ideale, potesse conservarsi e non perire. Tra questi due poli si giocava la vita dell'umanità: mantenere saldo quanto si era raggiunto, e rigettarlo per aspirare a qualcos'altro! Proprio così! E la funzione del poeta era di partecipare dell'aspetto ideale, avere presentimenti, sogni, creare ideali.

Nacque poi quella "realtà" alla quale il poeta non riusciva a pensare, quel mondo – importante oltre ogni dire – fatto di affari, partiti, elezioni, corsi monetari, titoli onorifici, ordini, regolamenti e così via. E il poeta, quando si politicizzò, volse le spalle al suo compito di sognare in anticipo per il bene dell'umanità, rinunciò al suo ufficio al servizio dell'ideale e guastò il mestiere agli uomini pratici che pensano di far avanzare il progresso con riforme elettorali e così via, mentre invece seguono zoppicando e a distanza di secoli il pensiero degli intellettuali di cui si affannano a realizzare in piccolo l'una o l'altra delle premonizioni e dei pensieri. Così un politico che aspiri a una pace duratura è una delle migliaia di formiche che si adoperano per attuare un sogno antichissimo. Creatore del sogno fu però quell'intellettuale che per la prima volta qualche migliaio di anni fa sognò le potenti parole: "Non uccidere!" – cosa che non si era mai udita prima sulla terra in tutti i milioni di anni precedenti, e che da allora agisce come lievito nell'umanità fino a quando questa non avrà raggiunto tale meta, così come è stato per la posizione eretta e per la pelle glabra...

Ecco come ho sognato l'uomo ideale: un "normale" che non ha bisogno di operare alcuna rimozione nella sfera intellettuale, che vive sicuro e felice in se stesso. Quest'uomo ideale, che non è spinto né dal bisogno della virtù, né da una qualche debolezza interiore da compensare mediante opere d'arte, dovrebbe poter generare da se stesso e spontaneamente questo bisogno. Mai e poi mai dovrebbe coltivare i suoi talenti speciali, le sue speciali esigenze quasi fossero un gioco e un lusso, per un semplice capriccio, come quando, tanto per cambiare, ci si pettina in modo diverso. Dovrebbe sentire e sperimentare l'estasi del sogno, il tormento della creazione, l'angoscia e il piacere della generazione, ma senza conoscerne la maledizione; perché da ciascuno di questi giochi farebbe ritorno a casa sazio, e con un semplice atto di volontà potrebbe di nuovo trasferire e spostare in sé le proprie aspirazioni, così da dare vita a un altro e più solido equilibrio. Quest'uomo ideale sarebbe talvolta poeta, altre musicista, a volte lascerebbe uscir fuori e giocare la scimmia che è in sé, e talaltra il presentimento di immagini e di speranze future, così come un atleta esercitato ama mettere alla prova ogni singolo gruppo di muscoli e lasciarli giocare. Tutto ciò sarebbe da lui avvertito non come un vincolo esterno, come una necessità, ma così come accade a un bambino perfettamente sano e di buona indole. E, cosa più bella, quando gli si presentasse una nuova richiesta da parte dell'ideale, non si difenderebbe in modo aspro e cruento contro la modifica del proprio io come facciamo noi poveri ragazzi, ma sarebbe in assoluta e completa sintonia con se stesso, con l'ideale, con il destino; per lui sarebbe facile cambiare e facile morire.

GIORNI DEL DESTINO

Quando i giorni cupi ingrigiscono,
il mondo ha uno sguardo freddo e ostile,
e timida la tua fiducia
posa solo su di te.

Ma ricacciato in te stesso
dal paese delle antiche gioie
vedi verso nuovi paradisi
volgere la tua fede.

Riconosci come ciò che più ti appartiene
quel che ti sembrava estraneo e ostile,
con nomi nuovi chiami
il tuo destino e lo accetti.

Quanto minacciava di schiacciarti
si mostra amichevole, respira spirito,
è una guida, è un messaggero
che ti indirizza in alto, ancora più alto.

CHE FARE?

(Dal *Ritorno di Zarathustra*)

Esistevano un tempo uno spirito tedesco, un coraggio tedesco, una prodezza tedesca, che non si esprimevano soltanto in eroici fragori e in esaltazioni di massa. L'ultimo grande pensatore di quel genere è stato Nietzsche il quale, nel bel mezzo della fondazione della Germania e della concomitante fioritura di spirito gregario, è divenuto antipatriota e antitedesco. Questo mio appello intende ricordarlo, rievocarne il coraggio, la solitudine. Anziché il belato del gregge, le cui odierne note piagnucolose non sono certo più amabili delle espressioni brutali e roboanti della "grande era", questo mio scritto intende richiamare i sensibili tra i giovani tedeschi ad alcune realtà ed esperienze dell'anima, semplici quanto incrollabili. Che ciascuno si atteggi, nei confronti del popolo e della collettività, come gli comandano la coscienza e la necessità: se venisse meno a se stesso, alla propria anima, commetterebbe un'indegnità. Ben pochi, nella Germania impoverita e vinta, hanno cominciato a rendersi conto che il pianto e le imprecazioni sono del tutto infruttuosi e si sono apprestati ad affrontare con fermezza e determinazione quel che il futuro ha in serbo. Ben pochi hanno idea della decadenza dello spirito tedesco, manifesta già molto prima della guerra. Non dobbiamo cominciare da ciò che abbiamo alle spalle, da riforme di governo e metodi politici, bensì da ciò che abbiamo davanti, dalla costruzione della personalità, se vogliamo tornare ad avere spiriti e uomini che ci garantiscano il futuro.

[*Hermann Hesse in occasione della prima edizione non anonima.*]

Quando, tra i giovani della capitale, si diffuse la voce che Zarathustra era ricomparso e che si faceva vedere qua e là per strade e piazze, alcuni di loro decisero di andare a cercarlo. Si trattava di reduci dalla guerra che, in una patria mutata e sconfitta, erano pieni di preoccupazioni e di inquietudini; si avvedevano infatti che erano in atto grandi eventi, il cui senso restava tuttavia loro oscuro, e che a molti parevano addirittura assurdi. I giovani in questione avevano visto in Zarathustra – erano allora appena adolescenti – un profeta e un capo, e con lo zelo dell'età avevano letto tutto ciò che su di lui si era scritto, ne avevano parlato e riflettuto, durante le loro peregrinazioni per monti e piani, oppure in notturne stanze, al lume della lampada. E Zarathustra ai loro occhi era stato sacro, come per ciascuno del resto diviene cosa sacra quella voce che per prima e con il massimo vigore lo richiama al proprio io e al proprio destino.

Trovarono Zarathustra in un'ampia strada, schiacciato contro il muro da una gran folla, intento ad ascoltare i discorsi che un capopopolo teneva alla massa accalcata dall'alto di un carro. Zarathustra prestava orecchio, sorrideva, osservava i visi dei molti presenti. E li studiava, quei volti, come un vecchio eremita osserva le onde del mare e le nuvole del mattino. Vi leggeva angoscia, vi leggeva impazienza e un infantile, lacrimevole sgomento, ma scorgeva anche il coraggio e l'odio negli occhi dei decisi e disperati... I giovani lo riconobbero dal sorriso, Zarathustra non era né vecchio né giovane, non aveva l'aspetto né di un maestro né di un soldato, sembrava semplicemente un uomo: *l'uomo*, quasi fosse un attimo prima emerso dall'oscurità del divenire, primo della sua specie... Ed era un sorriso aperto, non però bonario; Zarathustra era senza malizia, ma anche senza bonarietà. Il suo era il sorriso di un guerriero, e più ancora il sorriso di un vecchio che molto abbia visto e che non tenga ormai in alcun conto il pianto. Fu così che lo riconobbero.

Quando il discorso fu finito e il popolo rumoreggiando cominciò a disperdersi, i giovani si avvicinarono a Zarathustra e lo salutarono rispettosamente.

«Sei qui, maestro» dissero balbettando «finalmente sei riapparso, ora che la miseria è al colmo. Che tu sia il benvenuto, Zarathustra! Ci dirai che cosa dobbiamo fare, ci precederai, ci salverai dal pericolo presente, del quale mai si vide l'uguale.»

Sorridendo Zarathustra li invitò ad accompagnarlo, e strada facendo così parlò agli ascoltatori: «Sono di ottimo umore, amici miei. Già, sono tornato, forse per un giorno, forse per un'ora, e ho assistito alle vostre rappresentazioni teatrali. Per me è sempre stato un vero piacere stare ad assistere a spettacoli del genere. È la cosa in cui gli uomini eccellono maggiormente».

I giovani ascoltavano e si scambiavano occhiate. A loro giudizio, nelle parole di Zarathustra c'era troppa ironia, troppa ilarità, troppa noncuranza. Come poteva parlare di teatro, quando il suo popolo versava in miseria? Come poteva sorridere e divertirsi, ora che la sua patria era vinta e in rovina?... «Avete dunque imparato da me "qualcosa"? Sono stato un insegnante di lingue o un maestro di concretezze? Vedete bene, Zarathustra non è un maestro, non si può interrogarlo e apprendere da lui, lui non vi detta ricette, piccole e grandi, buone per casi di emergenza.

Zarathustra è l'uomo, è l'io e il tu. Zarathustra è l'uomo di cui andate in cerca in voi stessi, il sincero, l'incorrotto – e dunque come potrebbe trasformarsi in corruttore? Molto Zarathustra ha visto, molto ha sofferto, ha schiacciato molte noci e da molte serpi è stato morso. Ma una sola cosa ha imparato, una sola è la sua sapienza, uno solo il suo orgoglio. Ha imparato a essere Zarathustra. Ed è appunto questo che anche voi volete imparare da lui, anche se tanto spesso ve ne manca il coraggio. Dovete imparare a essere voi stessi, così come io ho imparato a essere Zarathustra. E dovete disimparare a essere altri, a non essere niente, a imitare voci estranee e a ritenere vostre immagini che non lo sono. Sicché, amici miei, quando Zarathustra vi parla, nelle sue parole non cercate sapienza di sorta, non cercate arti, né ricette o abilità, ma soltanto lui stesso! Dalla pietra potete imparare che cosa sia la durezza e dall'uccello che cosa sia il canto. Da me, invece, potete apprendere che cosa sia l'uomo e il destino...

«Colui al quale il destino viene dal di fuori, ne è abbattuto, così come l'animale selvatico è ucciso dalla freccia. Colui al quale il destino viene dall'interno, da ciò che è profondamente suo, ne sarà rafforzato e reso dio. Questo destino ha fatto di Zarathustra Zarathustra, ed esso dovrà fare di te stesso te stesso!...

«"Che cosa dobbiamo fare?" mi chiedete e chiedete a voi stessi di continuo, e il "fare" ai vostri occhi ha molta importanza, ha importanza somma. È buona cosa, amici miei, o per meglio dire, buona sarebbe se afferraste la sostanza del fare!

«Ma, vedete, già questa domanda: "Che cosa dobbiamo fare?", già questa peritosa, infantile richiesta mi rivela quanto poco sapete del vostro fare!

«Ciò che il vostro "fare" significa, miei cari giovani, io, il vecchio romito della montagna, lo definirei in tutt'altro modo. Troverei per questo "fare" nomi piacevoli, nomi scherzosi, nomi garbati...

«L'azione, amici miei – e ascoltatela bene, questa nuda parola, tendete l'orecchio, sciacquatevelo con essa! – l'azione non è mai stata compiuta da uno che prima abbia chiesto: "Che cosa debbo fare?". L'azione è la luce che promana da un buon sole. E se il sole non è un astro buono, un astro giusto, un astro dieci volte convalidato, se si tratta semplicemente di un sole che chiede a se stesso, in preda all'ansia, che cosa deve fare, esso mai darà luce! L'azione non è il fare, sull'azione non c'è da riflettere, da lambiccarsi il cervello. Orbene, vi dirò io che cosa sia l'azione. Prima però, amici, permettetemi di dirvi che cosa a me sembra che sia il vostro "fare". Dopo ci comprenderemo un po' meglio...

«Voi però definite "fare" lo sfuggire a ciò che fa male, chiamate così il rifiuto alla nascita, la fuga dal dolore! Per "fare" voi intendete, o intendevano i vostri padri, il rumore che provocavate giorno e notte in magazzini e officine, il clamore generato dal battere di molti martelli, la tanta fuliggine che scaricavate nell'aria. Cercate di capirmi bene: non ho nulla, assolutamente nulla, contro i vostri martelli e la vostra fuliggine, e neppure contro i vostri padri. Ma non posso non sorridere udendovi definire "fare" quest'attività! Essa non era un fare, era null'altro che fuga dal dolore. Era penoso essere soli – per questo si fondano società. Era penoso cogliere nel proprio intimo voci d'ogni genere, le quali pretendevano da voi che viveste la vostra vita, che cercaste il vostro destino, che moriste della vostra morte: era penoso, e per questo fuggivate e producevate frastuono con macchine e martelli, finché le voci risuonavano più remote e si zittivano. Così facevano i vostri padri, così facevano i vostri maestri, così facevate voi stessi. Da voi si pretendeva patimento – e voi ne eravate indignati, voi non volevate soffrire, voi volevate semplicemente fare! E che cosa facevate? Tanto per cominciare sacrificavate al dio del rumore e dello stordimento nel corso dei vostri strani traffici, eravate sempre occupatissimi, mai avevate tempo di soffrire, di ascoltare, di respirare, di succhiare il latte della vita, di bere la luce del cielo. Eh, no, voi dovevate fare, sempre fare. E visto che il fare non serviva a niente e che il destino nel vostro intimo, anziché dolce e pieno, diventava sempre più acido e tossico, avete ingrandito il vostro fare, vi siete creati nemici, dapprima immaginari poi in carne e ossa, e siete andati alla guerra, siete divenuti guerrieri ed eroi! Avete conquistato, avete sopportato somme insensatezze, avete osato l'inosabile. E adesso? Vi sentite bene? Adesso finalmente nel vostro cuore c'è pace e letizia? Adesso il destino per voi è dolce? Macché, il suo sapore è più amaro che mai, ed eccovi pertanto affrettarvi a nuove imprese, eccovi correre per le strade, eccovi tumultuare e urlare, eleggere consigli e nuovamente caricare i fucili. E tutto questo, solo perché siete eternamente in fuga dal dolore! In fuga da voi stessi, dalla vostra anima.

«So benissimo quel che volete ribattermi. Non è stato forse dolore – tale la vostra domanda – quello che avete sopportato? Non è stato dolore la morte dei vostri fratelli tra le vostre braccia, non è stato dolore sentirvi gelare le membra sulla terra, sussultare sotto il bisturi dei medici? Oh, sì, erano tutti dolori – erano dolori voluti da voi stessi, ostinatamente autoimposti, dolori impazienti, era un pretendere un destino diverso. Era eroico – nella misura in cui possa darsi eroe che fugge davanti al destino e che tuttavia pretenda di mutarlo.

«Imparare a soffrire è difficile. È cosa che si riscontra, più sovente e in forma migliore, nelle donne anziché negli uomini. Imparate da loro! Imparate ad ascoltare la voce della vita quando si fa sentire! Imparate a guardare quando il sole del destino scherza con le vostre ombre! Imparate il rispetto per la vita! Imparate il rispetto per voi stessi!

«Dal dolore viene forza, dal dolore viene salute. Sono sempre gli esseri umani "sani" quelli che all'improvviso crollano e muoiono per una corrente d'aria. Sono coloro che non hanno mai imparato a soffrire, e soffrire rende tenaci, soffrire tempra. Costoro sono fanciulli che di fronte a ogni dolore prendono la fuga! Vero, io amo i fanciulli, ma come potrei amare coloro che per tutta la loro vita vogliono restare bambini? Pure, tali siete tutti voi che volete trovar rifugio dal dolore nel fare, voi che intendete sottrarvi, mossi da un'antica, triste angoscia infantile, al dolore e all'oscurità.

«Ma guardate ciò che avete ottenuto con tutto il vostro fare, con tutta la vostra diligenza, con tutta la vostra fuligginosa industriosità! Qual è stato il risultato? Il denaro si è volatilizzato, e con il denaro il fulgore della vostra vile diligenza. E dove è l'azione che avreste prodotto con il vostro fare? Dov'è il grande uomo, il raggiante, l'autore, l'eroe? Dov'è il vostro imperatore? Chi è il suo successore? Chi lo diverrà? E dov'è la vostra arte? Dove sono le opere destinate a giustificare il tempo vostro? Dove i grandi, allietanti pensieri? Ah, avete troppo poco e troppo male sofferto, per poter produrre cose buone e radiose!

«Perché l'azione, la buona e radiosa azione, amici miei, non viene dal fare, non deriva dall'attivismo, non è frutto della diligenza e del martellare. Essa cresce solitaria sui monti, cresce sulle cime, dove sono silenzio e pericolo. Sgorga dal dolore...

«Mi interrogate, giovani, circa la scuola del dolore, circa la fucina del destino...

«Io vi parlo della solitudine.

«Solitudine è la via lungo la quale il destino vuol portare l'essere umano a se stesso. Solitudine è la via che l'essere umano teme massimamente. Lungo questa via si trovano tutti gli orrori, si celano tutti i serpenti, tutti i rospi. Là sta in agguato il tremendo. Non corre forse, a proposito di tutti i solitari, di tutti i battistrada nel deserto della solitudine, la leggenda che li vuole sviati, che li vuole malvagi ovvero malati? Non si raccontano forse le imprese eroiche come se fossero commesse da criminali, e ciò perché sembra bene evitare la strada che porta a siffatte imprese?

«Non si racconta forse, anche di Zarathustra, che nella sua pazzia sarebbe andato alla rovina, e che a conti fatti tutto ciò che ha dato e detto sarebbe stato follia? E voi, quando l'avete udito dire, non avete sentito dentro qualcosa di simile a un rossore? Come se fosse più nobile e più degno di voi essere nel numero di quei pazzi, e come se vi vergognaste di non averne il coraggio?

«Sulla solitudine potrei intonarvi canti, miei cari. Senza solitudine non c'è dolore, senza solitudine non c'è eroismo. Ma non intendo riferirmi alla solitudine dei garbati poeti e dei teatri, dove la sorgente che ruscella nella grotta del romito risuona così amabile.

«Dal bambino all'adulto, non c'è che un passo, un unico intervallo. Diventare solitari, diventare se stessi, affrancarsi dalla madre e dal padre, tale è il passo dal bambino all'adulto, e nessuno lo compie nella sua interezza. Ciascuno si porta appresso un filo, e lo fa anche il più santo dei romiti e dei misantropi tra i monti più nudi che ci siano: si porta dietro un filo mediante il quale resta legato al padre, alla madre e a ogni altra cara, calda parentela e appartenenza. E quando voi, amici miei, parlate con tanto calore di popolo e patria, vedo il filo che da voi penzola, e sorrido. Quando i vostri grandi uomini parlano dei loro "compiti" e della loro responsabilità, ecco lì il filo che pende e si prolunga dalla loro bocca. Mai i vostri grandi uomini, capi e oratori, parlano di compiti verso se stessi, mai parlano della responsabilità nei confronti del loro destino! Essi s'aggrappano al filo che riconduce alla madre e a quanto v'è di caldo e piacevole, a ciò che i poeti rievocano quando cantano, pieni di sentimento, l'infanzia e le sue pure gioie. Nessuno spezza del tutto questo filo, se non nella morte, sempreché a qualcuno riesca di morire della propria morte.

«La stragrande maggioranza degli esseri umani, tutti appartenenti al gregge, non hanno mai gustato la solitudine. Sì, a suo tempo si sono staccati da padre e madre, ma soltanto per strisciare verso una donna e per farsi sommergere da un nuovo calore, da una nuova appartenenza. Mai che siano soli, mai che parlino con se stessi. Invece il solitario, qualora in lui si imbattano strada facendo, è da loro temuto e odiato come la peste, gli tirano pietre, non hanno pace finché non ne siano ben lontani. Il solitario è circondato da un'aura in cui s'avverte sentore di stelle e freddo degli spazi siderei: ahimè, gli manca affatto l'olezzo, soave e caldo, della patria e della tana.

«Zarathustra ha in sé un po' di questo sentore stellare, di questo maligno gelo. Zarathustra ha percorso un buon tratto della strada della solitudine. Zarathustra è stato alla scuola del dolore; ha visto la fucina del destino, in esso è stato plasmato.

«Ah, amici miei, non so proprio se devo parlarvi più a lungo della solitudine. Sarei ben lieto di potervi sedurre a imboccare quella strada, ben volentieri vi canterei una canzone delle gelide delizie del cosmo. So però che ben pochi la imboccano, quella strada, senza danno. Mal si vive senza madre, senza il suo amore, mal si vive senza patria e senza luogo natio, e senza popolo, e senza gloria, e senza tutte le dolcezze della comunità. Mal si vive al freddo, e gran parte di coloro che hanno imboccato quella strada hanno finito per soccombere. Bisogna essere indifferenti nei confronti dell'annientamento, se si vuole assaporare la solitudine ed essere all'altezza del proprio destino. È più facile e più dolce procedere con un popolo e con molti altri, anche se si procede lungo la strada dell'infamia. È più facile e più consolante dedicarsi ai "compiti" che l'ora e il popolo impongono. Guardate dunque come stanno bene gli esseri umani nelle loro strade gremite! Vi si spara, la vita è in gioco, ma ciascuno preferisce di gran lunga essere con la massa, con essa andare a fondo, anziché procedere da solo, là fuori, nella notte buia e nel gelo.

«Ma come potrei fare a sedurvi, o giovani? La solitudine non viene scelta, così come non si sceglie il destino. La solitudine cala su di noi quando abbiamo dentro la pietra fatata che attira il destino. Molti, troppi sono andati nel deserto, e accanto alla soave fonte, nel dolce romitaggio, hanno condotto un'esistenza da gregari; altri invece restano in mezzo alla folla, tra mille e mille loro simili, e sulle loro fronti alita il respiro delle stelle.

«Ma beato colui che ha trovato la propria solitudine, non già una solitudine dipinta e cantata, bensì la sua, l'unica solitudine, quella che gli competeva. Beato colui che sa soffrire! Beato colui che in cuor suo reca la pietra fatata! A lui viene il destino, a lui viene l'azione...

«La disperazione non è eroismo – non l'avete appreso voi stessi in guerra? Ma la disperazione è meglio di questa sorda angoscia del borghese, il quale mette mano all'eroismo solo quando si sente minacciato nella borsa!...

«C'è un'espressione, o giovani, che in bocca vostra mi dà fastidio – quando non mi fa ridere. E quest'espressione è "riforma del mondo". È una canzone che volentieri intonate nelle vostre associazioni e nei vostri branchi, i vostri imperatori e tutti i vostri profeti la cantavano con particolare diletto e nel ritornello salvezza faceva rima con fortezza.

«Amici, dovremmo imparare ad astenerci dal giudizio sulla bontà o meno del mondo, e dovremmo rinunciare all'assurda pretesa di riformarlo.

«Spesso è accaduto che il mondo venisse accusato di

essere cattivo semplicemente perché colui che lo condanna ha dormito male o ha fatto indigestione. E spesso è accaduto che il mondo sia stato proclamato benedetto perché colui che lo lodava un momento prima aveva baciato una ragazza.

«Il mondo non è per essere riformato. Né voialtri siete per essere migliorati, ma siete per essere voi stessi. Siete perché il mondo si arricchisca di questo suono, di questa nota, di questa sfumatura, Sii te stesso, e il mondo sarà ricco e bello! Se non sei te stesso, se sei bugiardo e vile, il mondo sarà povero e apparirà bisognoso di riforma.

«Proprio adesso, in quest'epoca bizzarra, accade che la canzone della riforma del mondo torni a essere intonata con forza, gridata con veemenza. Ma non udite quanto brutta ed ebbra essa suoni, e quanto poco invece dolce, quanto poco felice, quanto poco assennata e saggia? E questa canzone è come una cornice che si può adattare a qualsivoglia quadro. S'adattava all'imperatore e al poliziotto, s'adattava ai vostri celebri professori tedeschi, i vecchi amici di Zarathustra! Questa canzone di pessimo gusto s'adatta a democrazia e socialismo, a Società delle Nazioni e a pace universale, ad abolizione del nazionalismo e al nuovo nazionalismo. Vi viene cantata dai vostri nemici in un coro in cui ciascuno canta contro l'altro, in cui ognuno vorrebbe mettere a tacere l'altro. Non ve ne rendete conto? Ovunque questa canzone viene intonata, pugni si serrano dentro le tasche e si ha di mira solo interesse personale ed egoismo – ah, e non si tratta certo dell'egoismo del nobile, il quale mira a elevare e a ferrare se stesso, ma è solo questione di denaro e portafoglio, di vanagloria e presunzione. Là dove l'essere umano comincia a vergognarsi del proprio egoismo, eccolo darsi a parlare di riforma mondiale, eccolo nascondersi dietro paroloni analoghi.

«Io non so, amici, se mai il mondo sia stato riformato,

e se invece non sia stato sempre, eternamente, allo stesso modo buono e cattivo. Non lo so, non sono un filosofo, troppo poca è la mia curiosità per queste cose. Questo però so: se mai il mondo è stato reso migliore dagli uomini, se mai gli uomini l'hanno reso più ricco, più pieno di vita, più avventuroso, più allegro, ciò non è certo avvenuto grazie ai riformatori, bensì per merito di quei veri egoisti tra i quali tanto volentieri vi annoverereі: quei genuini e sinceri egoisti che non conoscono meta, che non hanno scopi, ai quali basta vivere ed essere se stessi. Costoro molto soffrono, ma soffrono volentieri. Sono volentieri malati, essendo la loro una malattia di cui devono soffrire, la loro ben meritata, propria e personalissima. Costoro muoiono volentieri, perché è la loro morte, quella di cui possono morire, che si sono ben meritata, la loro propria morte!

«Grazie a costoro, forse talvolta il mondo è stato migliorato...

«Avete impersonato un ruolo che non era il vostro. Delle "virtù tedesche", con l'aiuto del vostro imperatore e con l'ausilio di Richard Wagner, avete fatto una messinscena operistica che nessuno al mondo poteva prendere sul serio al di fuori di voi. E dietro gli splendidi orpelli di questo sfarzo teatrale, avete lasciato che tutto quanto c'è in voi di oscuro, di schiavistico, tutti i vostri istinti megalomani prosperassero e proliferassero. Avevate sempre sulle labbra Dio, e la mano al portafoglio. Non facevate che parlare di ordine, di virtù, di organizzazione, e intendevate "guadagnar denaro".

«Protestate pure perché vi faccio male! Siete così poco abituati al fatto che vi si faccia male, e siete tanto abituati invece a darvi ragione a vicenda. Non c'era forse il nemico cui dar torto, di cui parlar male, per scaricare impulsi ostili? Io però vi dico: bisogna far male e saper sopportare il male, se ci si vuole schierare dalla parte della vita e del mondo. Il mondo è freddo e nient'affatto un familiare covile, nel quale starsene, in un'eterna infanzia, immersi in intimo calore. Il mondo è spaventoso, è imprevedibile, ama solo i forti e gli abili, ama coloro che restano fedeli a se stessi. Tutti gli altri hanno, nel mondo, solo successi di breve durata – successi come quelli che, dopo il crollo spirituale della Germania, avete avuto con le vostre merci e le vostre organizzazioni. E adesso, dove sono finite? Ma adesso è giunto il tempo per voi stessi. Forse adesso la miseria è sufficiente a tendere la vostra volontà – non per nuovi massacri e nuove fughe dal senso segreto della vita, bensì alla maturità, alla fede in se stessi, alla verità e alla fedeltà nei propri confronti...

«Voi siete il popolo più devoto del mondo. Ma quali dei si è data la vostra devozione! Imperatore e sottufficiali!...

«Due dottrine hanno corso tra i vostri maestri e nei vostri libri: l'una sostiene che il popolo è tutto, e il singolo è nulla; l'altra afferma esattamente il contrario...

«Voi tedeschi più di ogni altro popolo siete abituati a obbedire. Il vostro popolo ha obbedito così facilmente, tanto volentieri e di buon animo, da non essere capace di fare un passo senza sentire, nel compierlo, la soddisfazione di eseguire un ordine, di seguire una prescrizione. Il vostro buon paese era coperto, come da un bosco, di tavole della legge o, più precisamente, di tavole dei divieti. E come potrebbe questo popolo stare a sentire, se dopo una così lunga, lunghissima pausa, una così vuota attesa, udisse nuovamente risuonare una voce virile? Se invece di ordini e prescrizioni gli giungesse all'orecchio la voce della forza e della convinzione? Se tornasse ad assistere ad azioni, non più cerimoniosamente ordinate ed eseguite con la massima dedizione, ma che balzino, gioconde e sane, dal capo del loro padre, luminose e armate come una dea greca?

«Pensateci a lungo, amici, e non dimenticate che cos'è ciò di cui il vostro popolo ha fame e sete! E non dimenticate che l'azione e la maturità non crescono nei libri e nei comizi. Esse crescono sui monti, e la strada per giungervi passa per il dolore e la solitudine, per il dolore volentieri sopportato, per la solitudine spontaneamente scelta.

«E, contrariamente a tutti i vostri oratori, io vi grido: non bisogna avere tanta fretta! Quelli invece vi proclamano a ogni cantone: "In fretta! Di corsa! Decidetevi subito! Il mondo brucia! La patria è in pericolo". Credetemi, invece: la patria non verserà in miseria se vi concedete tempo, se porterete in voi la vostra volontà, il vostro destino, la vostra azione finché siano maturi! La fretta, esattamente come la gioia di obbedire, ha contato tra le virtù tedesche, le quali sono nulle...

«E ora, amici, mi congedo da voi. E già sapete che, quando Zarathustra si congeda dai suoi ascoltatori, non usa certo implorarli di restargli fedeli e di continuare a formare una garbata scolaresca.

«Non dovete idolatrare Zarathustra. Non dovete imitare Zarathustra. Non dovete voler diventare Zarathustra! In ciascuno di voi c'è una forma nascosta che ancora giace in profondo sonno infantile. Conferitele vita! In ciascuno di voi c'è un grido, una volontà e un'impronta di natura, una tendenza al futuro, al nuovo e all'elevato. Fate in modo che maturi, che echeggi, abbiatene cura! Il vostro futuro non è una cosa qualsiasi, non è denaro o potere, non è sapienza né fortuna negli affari – il vostro futuro e la vostra dura, pericolosa strada, sono quelli del diventare maturi e di trovare Dio in voi stessi...

«Questo vi dico, andandomene: prestate orecchio a quella voce, alla voce che viene da voi stessi! E quando questa voce tace, sappiate che qualcosa non va per il suo verso, che qualcosa non funziona, che siete su una falsa strada.»

Il terrore che afferra il borghese quando i suoi profeti parlano di "tramonto" e la gioia della gioventù che ovunque si desta: sono questi i grandi segni dei nostri giorni. La gioia dei giovani più validi, la loro lieta serietà, la loro disponibilità ad assumere responsabilità e la loro dedizione sono il sorriso del futuro, su tutti i popoli rifulge oggi questa aurora seria e gioiosa. Giovani, siate liberi di vivere in quest'epoca! Giovani, assaporate la felicità della dedizione, la felicità della liberazione dal bisogno, la felicità della cooperazione soccorrevole. Nessun'altra via conduce più rapida al fulcro di ogni saggezza: alla conoscenza dell'unità e della santità della vita. E nessun'altra via vi conduce con tanta sicurezza alla meta di ogni arte del vivere: al superamento gioioso dell'egoismo: senza rinunciare alla propria personalità ma anzi, in virtù del suo più alto sviluppo.

Oggi la ragione politica non risiede più là dove è il potere, e se si vogliono impedire calamità o limitarne gli effetti, occorre far scaturire un flusso di intelligenza e intuizione da ambienti non ufficiali... Dobbiamo anzi pensare che lo strepito e il ruggito dei dittatori e dei tecnici della guerra alla lunga perderanno terreno di fronte alla più sommessa voce della ragione. Quando dico "dobbiamo", intendo un imperativo non tanto morale, quanto direttamente biologico.

Tutti gli uomini sono disposti a fare l'incredibile quando vedono i loro ideali in pericolo. Ma nessuno si fa vedere quando un ideale nuovo, un nuovo e forse pericoloso moto di crescita bussa alla porta... Tutti gli uomini che hanno influito sull'andamento dell'umanità erano, senza distinzione, capaci e attivi perché pronti a subire il loro destino. Ciò vale per Mosè e Buddha, per Napoleone e Bismarck. Non dipende da noi la scelta dell'onda che ci porta, del polo che ci governa. Se Bismarck avesse capito i socialisti e li avesse assecondati, sarebbe stato un uomo saggio, ma non un uomo del destino. Così si dica di Napoleone, di Cesare, di Lojola e di tutti. Bisogna sempre tener presente la biologia e la storia dell'evoluzione. Quando i rivolgimenti della superficie terrestre portarono in secco gli animali acquatici e buttarono in acqua gli animali della terra, soltanto gli esemplari pronti ad affrontare il destino poterono accettare il fatto nuovo e inaudito e salvare la specie con nuovi adattamenti. Non sappiamo se erano gli stessi esemplari che prima, nella loro specie, si facevano notare come conservatori, o piuttosto gli originali e i rivoluzionari. Pronti erano, e perciò poterono salvare la loro specie nelle nuove evoluzioni. Noi lo sappiamo e perciò vogliamo esser pronti.

Demian sottolinea il processo di individuazione, il divenire della personalità, senza il quale non esiste vita superiore. E in questo processo il valore fondamentale è la fedeltà a se stessi e gli unici grandi nemici sono il conformismo, la pigrizia, la borghesia. Meglio battersi con tutti i diavoli e i demoni che accettare il falso dio del conformismo. Questo è un punto di vista giovanile e protestante che tuttavia sostengo ancor oggi ogni volta che è in gioco il divenire dell'individualità.

Che mi sia noto anche l'altro aspetto del nostro compito e della nostra vocazione, quello più grande, divino: il superamento della personalità per divenire compenetrati da Dio, lei lo ha appreso da *Siddharta*. Io stesso non vedo un contrasto tra questi due libri, tutt'altro: sono due tappe dello stesso cammino.

Innumerevoli vanno a picco perché non trovano la via di mezzo tra l'io e il mondo. Per ogni "chiamato", cioè per ogni persona che abbia una spiccata individualità, gli anni dell'adolescenza sono difficili perché il divenire della propria personalità porta con sé isolamento, conflitti e dubbi. E più tardi sopravviene l'altro pericoloso: proprio i più dotati trovano quanto mai difficile liberarsi dall'attenzione rivolta al proprio io, necessaria negli anni dello sviluppo, e non riescono quindi a instaurare un rapporto fecondo con il mondo.

Dall'esterno non è possibile dare consigli: lei deve cercare di percorrere la sua strada. Dovrà rinunciare e tentare, per semplice necessità, di adattarsi agli altri, oppure dovrà rendersi conto che le sue attitudini la chiamano e la obbligano a un compito non comune. Anche se non vede ancora la meta e non sa dove più tardi la vita condurrà una persona come lei, lei dovrà... prendere sul serio se stesso cercando di fare qualcosa di sé.

Chiunque percorra la sua strada è un eroe. Chiunque davvero operi e agisca per ciò di cui è capace, è un eroe; e se anche facesse cose stupide e retrograde, varrebbe sempre assai più delle migliaia di altri che si limitano a parlare dei loro begl'ideali senza sacrificarsi per essi.

Questa è una delle incongruenze di cui ci si rende conto quando si riflette sul mondo: che i bei pensieri, gli ideali e le opinioni non sono affatto sempre prerogativa dei più nobili e dei migliori. Un uomo che lotti e muoia nel più nobile dei modi per dei antiquati e superati, sembrerà forse un Don Chisciotte, ma Don Chisciotte è pur sempre, in tutto e per tutto, un eroe, nobile in tutto e per tutto. Al contrario, un uomo può essere molto intelligente, istruito, abile nel parlare, può scrivere bei libri o tenere discorsi densi di pensieri e idee seducenti e tuttavia essere solo un cialtrone che fugge di fronte alla prima seria richiesta di sacrificio e di impegno fattivo.

Per questo al mondo esistono molti ruoli ed è davvero possibile, anzi bello e giusto, che sommi nemici si stimino e si amino a vicenda più di quanto non stimino e amino i propri compagni di partito.

È immaginazione il fatto che non esistano ponti tra l'io e il tu, che ognuno cammini solo e incompreso. Al contrario: il legame che gli esseri umani hanno in comune è molto più grande e importante della sfera che ciascuno ha per sé solo e per cui si distingue dagli altri.

LA FAMIGLIA, L'INFANZIA E LA GIOVINEZZA

In questo ho poca fortuna... ogni volta che intraprendo qualcosa di veramente necessario, di felice e di simpatico, la gente diventa spiacevole. Vorrebbero che uno rimanesse quello che è, che il suo volto non mutasse mai. Ma il mio volto si ribella, vuole sempre mutare: è una necessità.

Un altro rimprovero che mi vien fatto sembra anche a me molto giusto: mi si nega il senso della realtà. Tanto le opere che scrivo quanto i quadretti che dipingo non corrisponderebbero al reale. Nello scrivere dimenticherei sempre le esigenze che a un vero libro pongono i lettori colti, e innanzitutto mi mancherebbe in effetti l'attenzione alla realtà. Io trovo che la realtà è quello di cui meno occorre preoccuparsi perché essa è pur sempre, e purtroppo abbastanza molesta, a nostra disposizione, mentre ci sono cose più belle e più necessarie che pretendono la nostra attenta cura. La realtà è ciò di cui non si può mai, in alcuna circostanza, essere contenti, che non si deve mai, in nessun caso, adorare e venerare, perché rappresenta il caso, lo scarto della vita. E questa sordida, sempre deludente e squallida realtà non è possibile mutarla se non rinnegandola e mostrando che siamo più forti di lei.

Nelle mie opere manca di frequente il normale rispetto della realtà e, quando dipingo, le piante hanno un volto, e le case ridono o ballano o piangono, ma se l'albero sia un pero o un castagno per lo più non si può capire. Questo rimprovero devo accettarlo. Confesso che la mia stessa vita assai spesso mi sembra proprio come una favola, e sovente il mondo esterno mi appare con l'intimo mio in un rapporto unisono che devo chiamare magico.

LETTERA INVERNALE DAL SUD

Cari amici a Berlino,

sì, d'estate qui era diverso. Allora i compatrioti, che riempiono gli eleganti alberghi di Lugano, sedevano afflitti nei piccoli cerchi d'ombra dei platani presso il lago e pensavano preoccupati a Ostenda, mentre noi, con un pezzo di pane nello zaino, ci godevamo la splendida estate. E allora, come scorrevano via i giorni infuocati, com'erano fugaci e passeggeri!

Comunque qui c'è ancora il sole e ancora noi continuiamo a essere suoi ospiti. Scrivo queste righe in uno degli ultimi giorni di dicembre, alle undici del mattino, disteso al sole sul secco fogliame di un angolo di bosco al riparo dal vento. Si può stare così fino alle tre, fino alle quattro, ma poi fa freddo, i monti si ammantano di lilla, il cielo si fa trasparente e limpido, come sa esserlo soltanto qui in inverno, e si gela dal freddo, bisogna mettere la legna nel camino e per il resto della giornata si rimane confinati nel metro quadrato davanti al fuoco. Si va a letto presto e ci si alza tardi. Ma le ore del mattino durante le belle giornate, che pure non mancano, quelle ci appartengono; il sole provvede a riscaldarci, rimaniamo distesi nell'erba e sulle foglie e ascoltiamo il fruscio dell'inverno; giù dai monti vicini vediamo scendere solchi innevati, e talvolta, tra l'erica e le foglie morte dei castagni, si trova ancora un segno di vita, una piccola serpe assonnata, un riccio. Qua e là, sotto gli alberi, c'è ancora qualcuna delle ultime castagne, la si infila in tasca e la si mette di sera nel fuoco del camino.

Quegli affaristi che in estate pensavano tanto preoccupati a Ostenda sembra se la passino proprio bene. La situazione è mutata e ora sono di nuovo sulla cresta dell'onda. Di recente ho avuto l'opportunità di osservare le cose da vicino. Ero invitato a pranzo in uno dei grandi alberghi.

Giunsi dunque al grande albergo. Era splendido. Avevo indossato il mio abito migliore; la padrona di casa, alcuni giorni prima, mi aveva rammendato il piccolo buco sul ginocchio con della lana blu. Avevo un bell'aspetto, tant'è che il portiere mi lasciò entrare senza difficoltà. Attraverso porte silenziose dai battenti di cristallo scivolai dolcemente in una sala enorme. Pareva un acquario di lusso, c'erano poltrone di cuoio e velluto, profonde e severe, e tutto l'immenso salone era riscaldato, piacevolmente riscaldato; si entrava in un'atmosfera come quella che un tempo regnava al Galle Face di Ceylon. Nelle poltrone sparse qua e là sedevano affaristi ben vestiti con le loro consorti. Che facevano? Mantenevano alta la cultura europea. Perché qui esisteva ancora questa cultura distrutta, assai compianta, con le poltrone da club, i sigari d'importazione, i camerieri ossequiosi, le stanze surriscaldate, le palme, le pieghe dei calzoni ben stirate, le scriminature, perfino i monocoli. C'era ancora tutto e io, commosso da questo nuovo incontro, mi asciugai gli occhi. Gli affaristi mi osservavano con un sorriso benevolo e avevano già imparato a rendere giustizia a gente come noi. Nell'espressione dei loro sguardi c'era un sorriso leggermente beffardo, ma mescolato in modo assai discreto a cortesia, riguardo e addirittura riconoscimento. Mi chiesi dove avevo già visto quello strano sguardo. Ecco, lo riconobbi! Era lo sguardo con cui il vincitore d'una guerra osserva la sua vittima e io l'avevo visto spesso in Germania durante la guerra. Era lo sguardo con cui allora la moglie del commendatore osservava il soldato ferito; per metà diceva "povero diavolo!" e per metà diceva "eroe!". Uno sguardo mezzo altero e mezzo intimidito.

Con la serenità e la buona coscienza del vinto rimasi a osservare la schiera degli affaristi. Avevano un aspetto magnifico, specie le signore. Veniva fatto di pensare a tempi preistorici, a prima del 1914, quando noi tutti pensavamo che questo stato saturo di eleganza fosse ovvio, e l'unico degno d'essere desiderato.

Il mio ospite non era ancora comparso. Così mi avvicinai a uno degli affaristi per chiacchierare un po'.

«Salve, affarista» dissi «come va?»

«Oh, proprio bene, salvo un po' di noia di tanto in tanto. Talvolta potrei invidiarla, lei con quel suo rammendo blu sul ginocchio. Lei ha l'aspetto di un uomo che non sa nulla della noia.»

«Ha proprio ragione. Ho una gran quantità di cose da fare, e così il tempo scorre veloce. Del resto ciascuno ha il proprio ruolo.»

«Che intende dire?»

«Be', io sono un lavoratore, lei è un affarista. Io produco, e lei telefona. La seconda attività frutta di più. In compenso produrre è assai più divertente. Scrivere poesie o dipingere quadri è un piacere: vede, in verità è anche indegno chiedere dei soldi in cambio. La sua professione consiste nell'offrire, con una maggiorazione del cento per cento, merci che a loro volta le sono state offerte. Certo, questa attività rende meno felici.»

«Suvvia! Lei assume sempre un tono canzonatorio quando parla con me. Lo ammetta, pover'uomo, in fondo ci invidia molto, lei con i suoi calzoni rammendati.»

«Certo, spesso provo invidia. Quando ho fame e vi vedo dietro le finestre mangiare sfogliate ripiene, allora vi invidio. Tengo in gran conto le sfogliate. Ma vede, nessun piacere è così effimero, così ridicolmente fuggevole come quello del buon cibo. E in fondo lo stesso vale per i bei vestiti, gli anelli, le spille e i calzoni perfetti. È vero, è divertente indossare un bell'abito nuovo. Ma dubito che quest'abito possa rallegrarla e renderla felice per tutta la giornata. Credo che voi pensiate tanto poco alle pieghe dei vostri pantaloni e ai vostri gemelli di diamanti quanto io penso ai miei calzoni rammendati. Non è vero? Dunque che ve ne viene? Il riscaldamento, certo, per quello siete da invidiare. Ma quando il sole splende, vicino a Montagnola conosco un posto tra due rupi, e lì anche d'inverno non c'è vento e fa caldo come qui nel vostro albergo, la compagnia è assai migliore, e non costa nulla. Spesso, sotto le foglie si trova anche qualche castagna da mangiare.»

«Be', può essere, ma lei pretende di vivere di questo?»

«Vivo di ciò che produco, dei valori che creo, per piccoli che siano. Ad esempio, dipingo acquerelli e non conosco nessuno che ne faccia di così graziosi. Per una sciocchezza si possono acquistare da me manoscritti di poesie che io stesso decoro con disegni colorati. Un affarista non può fare nulla di più avveduto che comprare cose di questo genere. Quando sarò morto varranno il triplo.»

Lo avevo detto per scherzo. Ma l'affarista temette che volessi spillargli del denaro. Si fece distratto, tossì molto e all'improvviso all'altro capo della sala scoprì un conoscente che non poteva non salutare.

Cari amici a Berlino, risparmiatemi di descrivere il pranzo che gustai in compagnia del mio ospite. La sala brillava di bianco e di cristalli, e che servizio, come si mangiava bene, e che vini! Non dico nulla! È stato toccante veder mangiare gli affaristi. Tenevano molto al contegno, si controllavano benissimo! Mangiavano i bocconi più squisiti col volto serio di chi adempie un dovere, anzi, con un certo noncurante disprezzo; si riempivano i bicchieri da antiche bottiglie di borgogna con un'espressione distaccata e un po' sofferente, come se stessero prendendo una medicina. Guardandoli auguravo loro questo e quell'altro. Presi con me un panino e una mela per la sera.

Vi chiederete perché non vengo a Berlino. Sì, è davvero strano. Ma qui, in verità, mi piace di più. E poi sono così testardo. No, non verrò né a Berlino né a Monaco: là i monti mi sembrano troppo poco rosati e mi mancherebbero questa e altre cose.

Naturalmente esistono moltissime persone che hanno una vita assai più facile e che in apparenza, o in realtà, sono "più felici"; ma solo chi è privo di una spiccata individualità non conosce problemi. Per noi altri non ha senso confrontarsi con loro: dobbiamo vivere la nostra propria vita, cioè qualcosa di nuovo e di unico, il che è sempre difficile, ma pur sempre bello. Non esistono norme per la vita, a ciascuno si pone un compito diverso, irripetibile, e del pari non esiste una inattitudine innata e predeterminata alla vita: anche il più debole e povero può condurre un'esistenza dignitosa e autentica al proprio posto, e rappresentare qualcosa per gli altri, per il solo fatto di aver accettato il proprio ruolo nella vita pur non avendolo scelto, cercando di realizzare il proprio compito speciale. Ecco cosa vuol dire essere davvero uomini, e da tutto questo s'irradia sempre un che di nobile e di benefico, anche se colui che è investito di tale compito è agli occhi di tutti un povero diavolo con il quale non si vorrebbe cambiare di posto.

Non si abbandoni ad autocritiche e non si sottoponga a esami mortificanti. Certo, è giusto criticare e condannare una singola azione di cui ci si sia pentiti; ma non si deve giudicare se stessi, la propria posizione nel mondo, in modo mortificante; bisogna invece accettare ciò che si è ricevuto da Dio, tanto i doni che le mancanze, dir loro di sì tentando di trarne il meglio. Con ciascuno di noi Dio ha tentato qualcosa, ha inteso realizzare un suo progetto e noi siamo suoi antagonisti se non lo accettiamo e non lo aiutiamo a realizzarlo.

Dica di sì a se stesso, alle sue peculiarità, ai suoi sentimenti, al suo destino. Non c'è altra via. Quale sia la sua meta non so, ma porta al cuore della vita, alla realtà, a ciò che è urgente e necessario. Lei potrà trovare questo cammino intollerabile e togliersi la vita, ciascuno è libero di farlo, e spesso il pensiero fa bene, anche a me. Ma lasciarsi sfuggire questa strada deliberatamente, tradendo il proprio destino e il senso della propria vita, unendosi ai "normali", questo lei non può farlo. Non ci riuscirebbe a lungo e la porterebbe a una disperazione maggiore di quella attuale...

Ci sono giorni in cui penso alla vanità e alla follia di tutto ciò cui ho anelato e a cui ho creduto. Altri giorni sento me stesso e la mia vita, per ardua che sia, pienamente giustificati, anzi riusciti, e ne sono assai lieto... per qualche ora. Perché sempre, quando ritengo di avere ancora una volta ben formulato il mio pensiero e di averlo espresso, ecco che subito mi appare dubbio e folle, e devo ricominciare a cercare nuove conferme e nuove formulazioni. Talora è il tormento, il bisogno, talora la beatitudine.

Non tutti sono destinati a divenire una personalità, un individuo irripetibile, unico; il cammino che conduce a questa meta presenta pericoli e porta con sé dolore, ma anche felicità e consolazioni che gli altri non conoscono...

Non si tormenti troppo, non fugga indietro nell'amicizia e non si spinga troppo innanzi con l'arroganza e l'impertinenza, non le servirebbe a nulla. Accetti quanto di meglio e di più forte è in lei. Poi le cose andranno da sé.

PRESSO I MASSAGETI

Per quanto la mia patria, ammesso che io ne abbia davvero una, superi senza dubbio tutti i restanti paesi della terra per gli agi e le eccellenti istituzioni, pure qualche tempo fa mi prese di nuovo la voglia di vagabondare, e mi misi in viaggio per il lontano paese dei Massageti, dove non ero più stato fin dai tempi della scoperta della polvere da sparo. Desideravo vedere fino a che punto questo popolo tanto rinomato e valoroso, i cui guerrieri un tempo avevano trionfato sul grande Ciro, fosse nel frattempo mutato, adattandosi ai costumi dell'epoca attuale.

E difatti le mie aspettative non avevano per nulla sopravvalutato i valenti Massageti. Come tutti i paesi che hanno l'ambizione d'essere annoverati tra i più progrediti, ultimamente anche quello dei Massageti manda un cronista incontro a ogni forestiero che si appressi ai suoi confini, a meno che, naturalmente, non si tratti di stranieri importanti, venerabili e distinti, giacché, com'è ovvio, a seconda del rango si presta loro maggiore rispetto. Se siete pugile o un campione di calcio verrete ricevuti dal ministro della salute, se siete un nuotatore dal ministro della pubblica istruzione e se detenete un record mondiale, dal presidente dello Stato o dal suo rappresentante. Bene, a me fu risparmiato di vedermi colmato di tali attenzioni: ero un letterato, e così al confine mi venne incontro un semplice giornalista, un simpatico giovane di bell'aspetto che mi chiese, prima di entrare nel paese, un breve resoconto della mia *Weltanschauung* e in particolare delle mie opinioni sui Massageti. La simpatica usanza venne dunque applicata anche in questo caso.

«Caro signore» dissi «poiché conosco la vostra splendida lingua solo in modo imperfetto, lasci che mi limiti all'indispensabile. La mia *Weltanschauung* è quella del paese in cui di volta in volta viaggio, questo va da sé. Quanto alle mie conoscenze sul vostro celeberrimo paese e sul vostro popolo, derivano dalla fonte migliore e più illustre che si possa immaginare, cioè dal libro *Klio* del grande Erodoto. Compreso di profonda ammirazione per la prodezza del vostro possente esercito e per il glorioso ricordo della vostra eroica regina Tomiri, ho già avuto l'onore di visitare il vostro paese in tempi passati e ora finalmente ho voluto rinnovare questa visita.»

«Molto obbligato» disse il Massagete un po' scuro in volto. «Il suo nome non ci è ignoto. Il nostro ministero della propaganda segue con attenzione quanto all'estero viene detto su di noi, e così non ci è sfuggito che lei è l'autore di trenta righe sui costumi e le usanze dei Massageti, da lei pubblicate su un giornale. Sarà per me un onore accompagnarla nel corso di questo suo viaggio nel nostro paese, e aver cura che lei possa rilevare quanto alcuni dei nostri costumi siano mutati da allora.»

Dal suo tono un po' cupo compresi che ciò che allora avevo espresso sui Massageti, pur da me tanto amati e ammirati, qui nel paese non aveva trovato piena approvazione. Per un attimo pensai di ritornare indietro, mi rammentai di quella regina Tomiri che aveva infilato la testa del grande Ciro in un otre pieno di sangue e di altre impetuose manifestazioni di questo vivace genio nazionale. Ma alla fin fine avevo passaporto e visto, e i tempi di Tomiri erano passati.

«Mi scusi» disse ora la mia guida in tono un po' più amichevole «se debbo insistere nel mettere alla prova la sua professione di fede. Non che a suo carico ci sia nulla, benché in passato lei abbia già una volta visitato il nostro paese. No, si tratta di una semplice formalità, anche perché lei si è richiamato in modo piuttosto unilaterale a Erodoto. Come lei sa, ai tempi di quel figlio della Ionia certo assai dotato, non esisteva ancora un istituto ufficiale della propaganda e della cultura, e perciò possono essergli perdonate le opinioni, comunque piuttosto negligenti, che ebbe a esprimere sul nostro paese. Al contrario, non possiamo accettare che un autore contemporaneo si richiami a Erodoto e anzi soltanto a lui. Dunque la prego, signor collega, mi dica in breve cosa pensa dei Massageti e quali sono i suoi sentimenti verso di loro.»

Sospirai un po'. Bene, questo giovane non aveva intenzione di rendermi la vita facile, insisteva sulle formalità. Allora via con le formalità. Cominciai:

«Com'è ovvio sono precisamente informato che i Massageti sono non soltanto il popolo più antico, più devoto, più istruito e nel contempo più valoroso della terra, che il loro esercito invincibile è il più numeroso, che hanno la flotta più possente, il carattere più inflessibile e parimenti più amabile, le donne più belle, le scuole e le strutture pubbliche più esemplari del mondo, ma che possiedono anche in massimo grado quella virtù così apprezzata eppure così carente in tanti altri grandi popoli: e cioè quella di essere benevoli e tolleranti con gli stranieri nella consapevolezza della propria superiorità, e dunque di non pretendere che ogni povero forestiero, proveniente da paesi di qualità inferiori, abbia raggiunto l'apice della perfezione massagetica. Anche su questo punto non mancherò di riferire nel mio paese in modo conforme al vero.»

«Molto bene» esclamò benevolo il mio accompagnatore. «Di fatto, nell'elencare le nostre virtù lei ha individuato il punto essenziale, anzi lo ha centrato. Vedo che è ben informato su di noi, più di quanto non sembrasse all'inizio, e le esprimo con franchezza, con la sincerità di un cuore di Massagete, il benvenuto nel nostro paese. Pure, occorre ora completare alcuni dettagli della sua conoscenza. In particolare mi sono accorto che lei non ha fatto menzione alcuna delle nostre altre prestazioni in due importanti campi: nello sport e nel Cristianesimo. Caro signore, il detentore del record mondiale di salto indietro a occhi chiusi con 11,098 era un Massagete.»

«Infatti» mentii gentilmente «come ho potuto non pensarci! Ma lei ha menzionato anche il Cristianesimo come un campo nel quale il vostro paese ha stabilito dei record. Posso chiederle informazioni in proposito?»

«Certo» disse il giovane. «Volevo soltanto alludere al fatto che le saremmo grati se su questo punto, nel resoconto del suo viaggio, potesse includere un qualche amichevole superlativo. Ad esempio, in una cittadina presso l'Araxes abbiamo un vecchio prete che ha celebrato non meno di 63.000 messe nella sua vita, e in un'altra città c'è una famosa chiesa moderna in cui tutto è di cemento: muri, torre, pavimento, colonne, altari, tetto, fonte battesimale, pulpito ecc., tutto fino all'ultimo candeliere, perfino i bossoli per l'elemosina.»

Già, pensai, e certo avrete anche un sacerdote di cemento sul pulpito di cemento. Ma tacqui.

«Vede» proseguì la mia guida «sarò sincero con lei. Abbiamo interesse a che la nostra fama di cristiani si propaghi quanto più è possibile. Sebbene infatti il nostro paese abbia accettato la religione cristiana da secoli e non ci sia più traccia degli antichi dei e culti dei Massageti, esiste tuttavia un piccolo partito di teste calde che si prefigge di reintrodurre i vecchi dei del tempo del re persiano Ciro e della regina Tomiri. Non è che il capriccio di alcuni stravaganti, ma naturalmente la stampa dei paesi vicini ha fatto sua questa cosa ridicola e la mette in rapporto con la riorganizzazione del nostro esercito. Siamo sospettati di voler abolire il Cristianesimo in modo da poter abbandonare facilmente, nella prossima guerra, anche quelle poche ultime remore all'impiego di tutti i mezzi di distruzione. Per questo motivo le saremmo grati se lei sottolineasse la cristianità del nostro popolo. Com'è naturale, siamo ben lungi dal voler anche solo minimamente influenzare i suoi resoconti obiettivi e, tuttavia, posso confidarle a quattr'occhi che la sua disponibilità a scrivere qualche riga sulla nostra fede cristiana potrebbe avere come conseguenza un invito personale presso il nostro cancelliere. Questo, detto incidentalmente.»

«Devo pensarci» dissi. «In verità il Cristianesimo non è la mia materia... E ora sarei molto lieto di rivedere lo splendido monumento che i vostri progenitori hanno eretto all'eroico Spargapises.»

«Spargapises?» mormorò il mio collega. «Chi è mai costui?»

«Be', il grande figlio di Tomiri che non seppe sopportare l'onta di esser stato raggirato da Ciro e si tolse la vita durante la prigionia.»

«Ah, sì, naturalmente» esclamò il mio accompagnatore. «Vedo che lei ritorna sempre a Erodoto. Sì, difatti questo monumento dev'essere stato molto bello: è sparito in modo singolare. Ascolti! Come le è noto, noi nutriamo un enorme interesse per la scienza, specie per l'archeologia, e nelle statistiche mondiali il nostro paese occupa il terzo o il quarto posto per il numero degli scavi effettuati a scopi di ricerca o dei metri quadri di terreno dissotterrato. Questi intensi lavori di scavo, che riguardano per lo più ritrovamenti preistorici, venivano svolti anche nei pressi di quel monumento dell'epoca di Tomiri, e, poiché quel terreno prometteva di dare grandi risultati, ovvero ossa di mammut massagetici, si è cercato di scavare sotto al monumento a una certa profondità. E nel corso di questa operazione è crollato. Ma alcuni resti dovrebbero potersi vedere ancora nel museo massagetico.»

Mi accompagnò alla macchina, pronta per noi, e chiacchierando animatamente ci inoltrammo all'interno del paese.

QUERCIA POTATA

Ti abbiamo tagliato, albero,
come sei spoglio e bizzarro!
Cento volte hai patito
finché tutto in te fu solo tenacia e volontà!
Io sono come te. Non ho rotto con la vita
incisa, tormentata
e ogni giorno mi sollevo dalle sofferenze
e alzo la fronte alla luce.
Ciò che in me era tenero e delicato,
il mondo lo ha deriso a morte,
ma indistruttibile è il mio essere,
sono pago, conciliato.
Paziente genero nuove foglie

da rami cento volte sfrondati
e a dispetto di ogni pena rimango
innamorato del mondo folle.

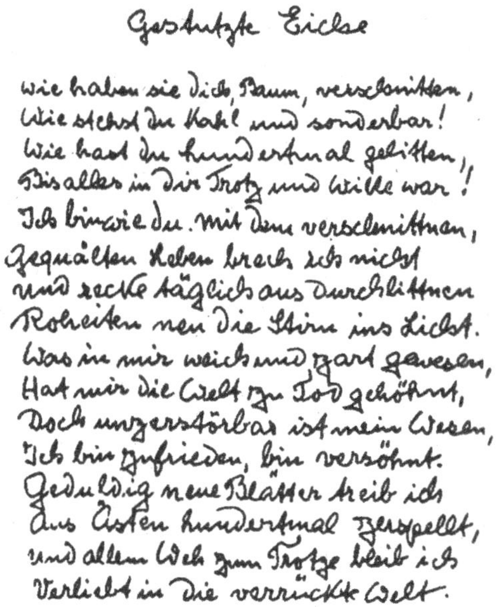
Gestutzte Eiche

wie haben sie Dich, Baum, verschnitten,
Wie stehst Du kahl und sonderbar!
Wie hast Du hundertmal gelitten,
Bis alles in Dir Trotz und Wille war!
Ich bin wie Du. Mit dem verschnittnen,
Gequälten Leben brach ich nicht
und recke täglich aus durchlittnen
Roheiten neu die Stirn ins Licht.
Was in mir weich und zart gewesen,
Hat mir die Welt zu Tod gehöhnt,
Doch unzerstörbar ist mein Wesen,
Ich bin zufrieden, bin versöhnt.
Geduldig neue Blätter treib ich
Aus Ästen hundertmal zerspellt,
und allem Weh zum Trotze bleib ich
Verliebt in die verrückte Welt.

DIGRESSIONE NEL NUOTO

Quando un poeta si è dato da fare per venti o trent'anni e ha acquisito una serie di amici e nemici, non solo viene ricoperto di ogni sorta di onori e vede che le stesse redazioni che gli rimandavano sempre le sue poesie con cortese rincrescimento scomodano professori di ruolo perché scrivano lunghi articoli su di lui, ma ha anche la possibilità di ascoltare direttamente la voce del popolo. Ogni mattina, la posta gli consegna un mucchietto di lettere e pacchetti che gli permettono di constatare che il suo impegno non è stato vano. Viene considerato degno di leggere i manoscritti e le prime pubblicazioni di numerosi giovani colleghi; le stesse redazioni che richiedono di continuo la sua collaborazione e poi seguitano a rimandargli indietro le sue poesie lo pregano urgentemente, a volte addirittura telegraficamente, di esprimere la sua opinione da *feuilleton* sulla Società delle Nazioni o sul futuro del volo a vela, giovani lettrici gli chiedono una fotografia e lettrici più anziane lo iniziano ai segreti della loro vita e ai motivi della loro adesione alla teosofia o alla Christian Science, e inoltre viene invitato ad abbonarsi a dizionari enciclopedici dato che in essi compare anche il suo pregiatissimo nome. In breve, la posta dimostra ogni mattina a un poeta che la sua vita e la sua attività non sono inutili. A ogni poeta accade lo stesso.

A volte, tuttavia, non si ha voglia di confrontarsi rispettosamente con questa comunità già sorseggiando il primo caffè, di accoglierne i saluti, i desideri e i consigli riguardanti la stesura di nuovi libri. Così accadde ieri a me; lasciai da parte la posta, che questa volta era più abbondante del previsto, mi misi il cappello e uscii a fare quattro passi.

Scesi le scale e passai davanti alla porta del mio vicino H., che allora con ogni probabilità se ne stava nella sua banca a trascrivere numeri. Infatti era un impiegato di banca, ma la sua ambizione era rivolta ad altre sfere; in cuor suo era uno sportivo, e in quei giorni, come avevo appreso dai giornali e dalle conversazioni dei vicini, aveva ottenuto il primo grande successo in una specialità da lui inventata. Il signor H. era un nuotatore, e si era più volte lamentato con me di quanto le possibilità in quel campo fossero limitate. Aveva attraversato a nuoto il lago di Zurigo in dieci minuti circa, non ricordo se in larghezza o in lunghezza, comunque era stato velocissimo e io lo avevo ammirato molto; lui però mi aveva detto con sguardo cupo che nel nuoto non si poteva ottenere molto di più. In quello sport si era ormai talmente allenati che in breve tempo sarebbe stato raggiunto il punto massimo: avrebbero percorso un chilometro in un minuto, e anche se questo record fosse stato battuto non si sarebbe comunque mai stati in grado, a giudizio degli specialisti, di andare oltre il punto in cui il nuotatore avrebbe raggiunto l'altra sponda all'ora esatta in cui aveva lasciato la sponda di partenza.

Ma il mio vicino H. non era un comune nuotatore: era un genio. Da un giorno all'altro inventò semplicemente una nuova arte del nuoto. Fino ad allora, diceva, si era nuotato bene, con diligenza e l'ultima gara di nuoto per bambini da Gibilterra all'Africa aveva dimostrato che in realtà nel nuoto non si conoscevano in pratica più ostacoli o limiti. Tuttavia, ingenuamente, si era sempre nuotato in linea d'aria e sulla superficie dell'acqua. L'amico H., che era sempre stato un buon subacqueo, introdusse il nuovo sport che consisteva nel seguire, sul fondo del mare, i rilievi e gli avvallamenti del terreno come se si trattasse di una scalata. Pochi giorni prima aveva attraversato il lago di Costanza in quel modo, sempre a venti centimetri dal fondo del lago, e il mondo intero era fuori di sé per l'impresa.

Eppure, pensavo tra me e me, a noi poeti le cose vanno molto meglio. Verrà il giorno in cui ogni nuotatore ben allenato sarà in grado di compiere l'impresa compiuta di recente da H., la sua fama impallidirà e il nuoto dovrà nuovamente sforzarsi per trovare nuove mete. Nella nostra vita di poeti, invece, come tutto era aperto! Il mondo intero stava davanti a noi, vasto e quasi incontaminato. Pur ammettendo che nei duemilacinquecento anni dopo Omero vi fosse veramente stata una evoluzione – e anche su questo punto si poteva dissentire – quanto era ridotta questa evoluzione! Questo pensiero mi ristorò e tornai a casa di buon umore, deciso a mettermi subito al lavoro. Però quella posta mattutina era ancora lì e, perdio, ve n'era il doppio o il triplo del solito! Lievemente infastidito, aprii per prima cosa una decina di lettere e cominciai a leggere. Ma oggi era proprio un giorno fortunato. Lettera dopo lettera, erano tutte piacevoli. Ognuna di esse cominciava con l'intestazione "Maestro illustrissimo" e non conteneva che cose gradevoli e lusinghiere. L'università del mio paese aveva deciso, pur non essendo io né un industriale né un tenore, di conferirmi una laurea *honoris causa*. La nota «Schweinfurter Zeitung», che mi aveva sempre rimandato le poesie da me inviate, mi supplicava di collaborare in qualsiasi forma e settore – ogni mio rigo sarebbe stato oltremodo gradito alla redazione e ai lettori. E così via, colpo su colpo. La cantante Ida del teatro comunale, quella dolce strega bruna, mi invitava a una gita in macchina. Un fotografo di Karlsruhe e uno di Dortmund mi supplicavano di permettere loro di venirmi a trovare per ritrarmi. Mi si offriva gratuitamente in prova, per tre mesi, una nuova automobile. Non v'erano né lettere di teosofe né di seguaci del Mazdaznan, né tragedie romane di alunni della seconda media né drammi rivoluzionari di alunni dell'ultima liceo. Era stupefacente, era un gran giorno. Né il cinquantesimo né il sessantesimo compleanno mi avevano regalato trionfi in alcun modo paragonabili a quello.

Era quasi troppo. Decisi di leggere il resto delle lettere più tardi, dopo mangiato. Tuttavia c'era ancora un grazioso pacchettino piatto che mi incuriosiva. Si vedeva che non poteva esservi nascosto né un libro né un manoscritto; il contenuto non poteva che essere piacevole. Quindi tagliai lo spago e aprii l'involucro. Apparvero fogli di carta velina rosa e cominciò a diffondersi un profumo delicato. Il contenuto aveva una consistenza morbida e delicata. Lo scoprii con cura, cerimoniosamente, come fosse un monumento, e trovai un manufatto di un tessuto leggero, di maglia. Lo dispiegai, stupito, e lo stesi su una sedia. Era un costume da bagno nero, di una maglia dai riflessi serici, con un grande cuore rosso chiaro cucito sul davanti, rifinito a punto croce, e nel cuore rosso era ricamato in lettere nere "Al grande Heinrich, l'ineguagliabile nuotatore subacqueo".

Perdio, d'improvviso capii che tutta quella abbondante corrispondenza mattutina non era affatto indirizzata a me, ma al mio vicino H., il nuotatore, che in quel momento stava nella sua banca a temperare matite ma che il giorno successivo si sarebbe licenziato e avrebbe seguito uno dei numerosi e lusinghieri inviti che adesso gli giungevano ogni giorno da Berlino, dall'America, da Parigi o Londra.

Irritato e un po' depresso, uscii di nuovo e passeggiai verso il lungolago. Eccolo, il lago di Zurigo; lo osservai e meditai seriamente se non fosse stato meglio darmi al nuoto. Anche se non potevo contare su record mondiali ero ancora piuttosto vigoroso, e un tempo, da ragazzo, ero stato un ottimo nuotatore. Forse sarei ancora riuscito a ottenere un buon successo nelle gare di nuoto cantonali per seniores. Ma poi vidi che il lago aveva un aspetto disgustosamente freddo e umido, pensai al fatto che il maestro H. aveva percorso l'enorme distanza da lì all'altra sponda in dieci minuti, e mi sovvenne anche quante mete e compiti soddisfacenti e inesauribili ancora mi attendevano nel campo della poesia.

No, avrei fatto consegnare al mio vicino H. la sua corrispondenza con molte scuse, lo avrei pregato di farmi avere un biglietto per la sua prossima esibizione natatoria e, di tanto in tanto, gli avrei chiesto di intervenire con una buona parola in favore della pubblicazione di mie poesie presso le redazioni di alcuni grossi giornali. Per il resto ero intenzionato a lasciare il nuoto alle carpe e ai lucci e a perseverare nello scrivere poesie. Da alcuni giorni ero impegnato in una poesia sulla primavera, o meglio sullo strano odore delle gemme giovani e resinose e il loro effetto sulle persone giovani e anziane, un effetto straordinariamente diverso; e anche se mi pareva difficile e quasi impossibile formulare in modo abbastanza soddisfacente questa storia delle gemme e dei cuori degli uomini, non volevo certo essere io quello che trascurava il proprio mestiere e si sottraeva allo scopo della propria esistenza.

Le cose che vediamo... sono le stesse cose che abbiamo dentro di noi. Non esiste realtà tranne quella che è in noi. Gli uomini vivono per lo più in un mondo così irreale perché prendono per realtà le immagini esterne e non lasciano parlare il loro proprio mondo. In tal maniera si può vivere felici ma, quando si viene a sapere dell'altra alternativa, non si è più liberi di intraprendere la via dei più.

È ben lungi da me voler fornire un qualche consiglio a quelle imprese divoratrici di personalità che sono la nostra industria e la nostra scienza. Se industria e scienza non hanno più bisogno di personalità, non è necessario le abbiano. Ma noi artisti, che nel mezzo della grande bancarotta culturale abitiamo un'isola che offre ancora opportunità di vita abbastanza sopportabili, dobbiamo come sempre seguire altre leggi. Per noi la personalità non è un lusso, ma una condizione per esistere, è aria vitale, capitale indispensabile. Perciò annovero tra gli artisti tutti coloro per i quali sia un'esigenza, una necessità sentirsi vitali e in continua crescita, essere consapevoli del fondamento delle proprie forze e svilupparsi su questa base secondo leggi innate, dunque senza svolgere alcuna attività subordinata né dare altri segni di vita la cui essenza e il cui effetto non abbiano con le fondamenta lo stesso rapporto chiaro e logico che in un edificio ben costruito la volta ha col muro, il tetto col pilastro.

DEL LUPO DELLA STEPPA

L'attivo proprietario di un piccolo serraglio era riuscito a ingaggiare per breve tempo il noto lupo della steppa Harry. Annunciò l'avvenimento con manifesti, sparsi per tutta la città; si aspettava un incremento dei visitatori del suo baraccone, e questa speranza non andò delusa. La gente di ogni dove aveva sentito parlare del lupo della steppa, il mito di quella bestia era diventato uno degli argomenti preferiti nelle conversazioni degli ambienti colti, tutti pretendevano di sapere questo o quel particolare sull'animale, e le opinioni in proposito divergevano alquanto. Alcuni erano del parere che una bestia come il lupo della steppa fosse sotto ogni aspetto un fenomeno inquietante, pericoloso e dannoso, che si facesse beffe della popolazione, strappasse i quadri di cavalieri dalle pareti dei templi della cultura, addirittura facesse dell'ironia su Johann Wolfgang von Goethe, e poiché quella bestia della steppa, per la quale nulla era sacro, aveva un effetto contagioso ed eccitante su una parte della gioventù, bisognava alla fine mettersi insieme e abbatterlo, quel lupo della steppa; non avrebbe dato pace se non morto e sepolto. Questa opinione semplice, onesta e probabilmente giusta non era però condivisa all'unanimità. C'era un secondo partito che professava un'idea del tutto diversa; questo partito era del parere che il lupo della steppa, pur non essendo certo un animale innocuo, avesse non solo il diritto di esistere ma addirittura una missione morale e sociale. Ognuno di noi, così affermavano i seguaci di questo partito, perlopiù persone molto colte, ognuno di noi, segretamente, senza confessarlo, ha in seno un lupo della steppa. I seni che così dicendo gli oratori erano soliti indicare erano gli stimabilissimi seni delle signore dell'alta società, di avvocati e industriali, e questi seni erano coperti da camicie di seta e gilè di taglio moderno. Ognuno di noi, così dicevano queste persone di idee liberali, nel suo intimo conosce fin troppo bene sentimenti, istinti e sofferenze del lupo della steppa, ognuno di noi deve lottare con essi e ognuno di noi, in fondo, è anch'egli un povero lupo della steppa ululante e affamato. Così dicevano quando, vestiti di camicie di seta, conversavano del lupo della steppa, e anche molti critici ufficiali dicevano così; poi si mettevano i loro bei cappelli di feltro, le loro belle pellicce, salivano sulle loro belle automobili e tornavano al lavoro, nei loro uffici e studi, nelle redazioni e nelle fabbriche. Uno di essi una sera, bevendo whisky, addirittura propose di fondare una associazione di lupi della steppa.

Il giorno in cui il serraglio inaugurò il suo nuovo programma, molti curiosi accorsero per vedere il famigerato animale la cui gabbia veniva mostrata solo pagando un supplemento. L'imprenditore aveva cercato di attrezzare nel modo più consono all'occasione una piccola gabbia, in precedenza abitata da una pantera morta prematuramente. L'attivo personaggio si era trovato un po' in imbarazzo, perché quel lupo della steppa era pur sempre un animale inconsueto. Come quei signori avvocati e industriali dicevano di celare in petto, sotto camicia e frac, un lupo, così si diceva che quel lupo nascondesse dietro il suo petto duro e peloso un uomo, sensazioni differenziate, melodie mozartiane e simili. Per corrispondere nel miglior modo possibile alle insolite circostanze e alle attese del pubblico, l'intelligente imprenditore (il quale da anni sapeva che neanche gli animali più selvaggi sono lunatici, pericolosi e imprevedibili quanto il pubblico) aveva attrezzato la gabbia in modo particolare, inserendovi alcuni emblemi del licantropo. Era una gabbia come tutte le altre, con sbarre di ferro e un po' di paglia per terra, ma a una parete era appeso un grazioso specchio stile impero e al centro della gabbia stava un piccolo pianoforte, una pianola con la tastiera scoperta, e sopra il mobile un po' traballante c'era un busto di gesso del principe dei poeti, Goethe.

L'animale stesso, che stimolava tanta curiosità, non mostrava alcun particolare sorprendente. Aveva proprio l'aspetto che un lupo della steppa, *lupus campestris,* deve avere. Di solito se ne stava sdraiato in un angolo, immobile, il più lontano possibile dagli spettatori, si mordicchiava le zampe anteriori e guardava fisso davanti a sé, come se in luogo delle sbarre vi fosse la steppa intera, infinita. Di tanto in tanto si alzava e percorreva alcune volte la gabbia in su e in giù, e allora la pianola traballava sul pavimento irregolare e sopra traballava, in modo preoccupante, il principe dei poeti in gesso. Dei visitatori l'animale si occupava poco, e la maggior parte di essi rimaneva piuttosto delusa nel vederlo. Ma anche su questo le opinioni divergevano. Molti dicevano che l'animale era una bestia normalissima, inespressiva, un lupo stupido e volgare e basta, e che "lupo della steppa" non era affatto un termine zoologico. Altri, al contrario, affermavano che l'animale aveva dei begli occhi e che l'intero suo essere esprimeva una spiritualità così commovente da sconvolgere l'animo per la troppa compassione. Le poche persone intelligenti non mancavano peraltro di notare che queste affermazioni sull'aspetto del lupo della steppa potevano adattarsi a qualsiasi altro animale del serraglio.

Nel pomeriggio, lo spazio separato del baraccone che ospitava la gabbia del lupo fu visitato da un gruppetto che vi si trattenne a lungo. Erano tre persone, due bambini e la loro istitutrice. Uno dei bambini era una ragazzina di otto anni graziosa e piuttosto taciturna, l'altro un ragazzo robusto di circa dodici anni. Al lupo piacquero tutti e due, la loro pelle aveva un buon odore, sano, ed egli lanciò frequenti occhiate alle gambe belle e sode della bambina. La governante – be', era tutt'altra cosa; gli parve meglio dedicarle la minima attenzione possibile.

Per essere più vicino alla bella ragazzina e odorarla meglio, il lupo Harry si era accucciato vicinissimo alle sbarre dalla parte dei visitatori. Mentre respirava con piacere il sentore dei due ragazzi, ascoltò svogliatamente le osservazioni dei tre, che parevano molto interessati a Harry e conversavano con animazione su di lui. Il loro atteggiamento era però molto diverso. Il maschio, un tipo deciso e sano, condivideva in pieno l'opinione che aveva sentito esprimere a casa dal padre. Una simile bestiaccia, diceva, stava proprio bene dietro le sbarre di un serraglio; lasciarlo andare in giro libero sarebbe stata una sciocchezza imperdonabile. Si poteva eventualmente fare il tentativo di addomesticare l'animale, per esempio a tirare la slitta come un cane eschimese, ma con scarse probabilità di successo. No, lui, il ragazzo Gustav, avrebbe senz'altro tirato una bella fucilata a quel lupo, dovunque lo avesse incontrato.

Il lupo della steppa ascoltava, e si leccava i baffi con aria amichevole. Il ragazzo gli piaceva. "Mi auguro" pensò "che, nel caso ci dovessimo incontrare all'improvviso, tu abbia davvero un fucile in mano. E mi auguro di incontrarti là fuori nella steppa e non di saltare fuori, a un tratto, dalla tua stessa immagine riflessa." Il ragazzo gli era simpatico. Sarebbe diventato un tipo risoluto, un ingegnere o industriale o ufficiale, e Harry non avrebbe avuto niente in contrario a misurarsi con lui di tanto in tanto e, al limite, ad essere ammazzato da lui.

La posizione della bella ragazzina nei confronti del lupo non era altrettanto chiara. Per prima cosa lo osservò con molta più curiosità e scrupolosità degli altri due che credevano di sapere già tutto di lui. La ragazzina constatò che la lingua e i denti di Harry le piacevano, e anche i suoi occhi le andavano a genio, mentre considerava con diffidenza il pelo poco curato e percepiva l'odore acre di belva con una eccitazione e uno stupore nel quale al rifiuto e al disgusto si mescolava una bramosa curiosità. No, nel complesso le piaceva, e non le sfuggì affatto che Harry le era assai affezionato e la guardava con desiderio e ammirazione; lei assaporava questa sua ammirazione con evidente piacere. Di tanto in tanto faceva una domanda.

«Scusi, signorina, perché quel lupo deve avere un pianoforte nella gabbia?» chiese. «Credo gli farebbe più piacere avere qualcosa da mangiare.»

«Non è un lupo qualsiasi,» disse la signorina «è un lupo sensibile alla musica. Ma questo non lo puoi ancora capire, bambina.»

La ragazzina storse un po' la bocca graziosa e disse: «Sembra davvero vi siano molte cose che ancora non posso capire. Se il lupo è sensibile alla musica è giusto che abbia un pianoforte, per conto mio anche due. Ma che sul pianoforte debba anche esserci quel busto lo trovo ridicolo. Cosa dovrebbe farsene, secondo lei?».

«È un simbolo» cominciò a spiegare l'istitutrice. Ma il lupo accorse in aiuto della ragazzina. La sbirciò intensamente con occhi innamorati, poi balzò in piedi così all'improvviso da spaventare per un attimo i tre, si stiracchiò ben bene e andò al pianoforte traballante, contro lo spigolo del quale cominciò a strofinarsi e grattarsi con forza e intensità crescente finché il busto traballante perse l'equilibrio e cadde a terra. Il pavimento vibrò e Goethe si scisse, come il Goethe di tanti filologi, in tre parti. Per un attimo il lupo annusò ognuna delle tre parti, poi volse loro le spalle con indifferenza e tornò vicino alla bambina.

A quel punto l'istitutrice si impose all'attenzione. Faceva parte di coloro che, malgrado la tenuta sportiva e i capelli tagliati alla maschietto, erano convinti di avere scoperto nel proprio seno un lupo; faceva parte delle lettrici e ammiratrici di Harry e si riteneva spiritualmente affine a lui; anche lei aveva in seno sentimenti repressi e problemi esistenziali di ogni specie. Un vago presagio le diceva peraltro che la sua vita ben protetta, socievole e borghese non era né steppa né solitudine, che non avrebbe mai trovato il coraggio o la disperazione per spezzare quella vita ben riparata e osare, come Harry, il salto mortale nel caos. Oh no, naturalmente non l'avrebbe mai fatto. Ma avrebbe sempre provato simpatia e comprensione per il lupo della steppa, e sarebbe anche stata felice di dimostrarglielo. Non appena Harry avesse di nuovo assunto sembianze umane e vestito uno smoking, avrebbe desiderato molto invitarlo a un tè o a suonare con lei Mozart a quattro mani. Decise di intraprendere un tentativo in quel senso.

Nel frattempo la ragazzina di otto anni aveva donato al lupo l'intero suo affetto. Era entusiasta del fatto che l'intelligente animale avesse gettato a terra il busto, e comprendeva assai bene che quel gesto era rivolto a lei, che il lupo aveva capito le sue parole e aveva preso decisamente partito per lei contro l'istitutrice. Chissà se avrebbe demolito anche quello stupido pianoforte? Era straordinario, e gli voleva molto bene.

Harry si era ormai disinteressato del pianoforte, si era accucciato contro le sbarre proprio di fronte alla bambina, aveva appoggiato il muso sul pavimento, tra le sbarre, come un cane adorante, e guardava la bambina con sguardi estasiati di corteggiamento. A quel punto la bambina non poté più resistere. Allungò la manina, affascinata e fiduciosa, e accarezzò il naso scuro dell'animale, Harry ammiccò, incoraggiante, e cominciò a leccare con delicatezza la piccola mano con la sua lingua calda.

Appena la governante l'ebbe visto, prese risoluta una decisione. Anche lei voleva farsi riconoscere da Harry come sorella comprensiva, anche lei voleva fraternizzare con lui. Velocemente aprì un pacchettino elegante avvolto in carta seta e cordoncino dorato, scartò dalla stagnola un boccone prelibato, un cuore di cioccolata fine, e lo porse al lupo con uno sguardo denso di significati.

Harry ammiccava e continuava a leccare tranquillo la

mano della bambina; contemporaneamente non perdeva d'occhio i movimenti della governante. E proprio nell'istante in cui la mano di lei con il cuore di cioccolata fu abbastanza vicina, azzannò fulmineo cuore e mano con i denti luccicanti. Le tre persone lanciarono un grido e balzarono indietro, ma alla governante questo non fu possibile: era prigioniera del suo fratello lupo, e dovette attendere alcuni attimi paurosi prima di riuscire a tirare via la mano sanguinante e osservarla con orrore. Era stata azzannata da parte a parte.

La povera signorina lanciò un altro grido stridulo. Nello stesso istante però si sentì definitivamente guarita dai suoi conflitti spirituali. No, lei non era una lupa, non aveva niente in comune con quel mostro crudele che adesso fiutava con interesse il cuore di cioccolata insanguinato. Immediatamente si apprestò a opporre resistenza.

La signorina stava eretta al centro del gruppo costernato che si era presto raccolto intorno a lei, nel quale si trovava anche il suo avversario, il proprietario del serraglio, pallido di terrore; teneva la mano sanguinante lontana da sé per salvare il vestito, e assicurava con sfolgoranti doti oratorie che non avrebbe avuto pace finché quel rude attentato non fosse stato vendicato, e che avrebbe strabiliato tutti con la somma che intendeva chiedere come risarcimento per la deturpazione della sua bella mano di pianista. Il lupo inoltre doveva essere ucciso; non avrebbe accettato soluzioni minori, potevano starne certi.

Riprendendo subito il controllo di sé, l'imprenditore le fece notare la cioccolata che Harry aveva ancora davanti. Un cartello vietava di dare da mangiare agli animali feroci, quindi lui declinava ogni responsabilità. Poteva pure fargli causa: nessun tribunale al mondo le avrebbe dato ragione. E inoltre era assicurato contro i rischi di responsabilità civile. Era meglio se la signora andava da un medico.

Lo fece subito; ma non appena il medico le ebbe fasciato la mano andò da un avvocato. I giorni seguenti, la gabbia di Harry fu visitata da centinaia di persone.

Da allora, il processo tra la signora e il lupo della steppa impegna giorno dopo giorno l'opinione pubblica. L'accusa sta infatti tentando di rendere responsabile il lupo Harry stesso, e solo secondariamente l'imprenditore. La citazione espone in modo dettagliato come questo Harry non sia affatto da considerarsi un animale irresponsabile, abbia un vero nome proprio civile, sia assunto solo temporaneamente come belva e abbia persino edito in volume le sue memorie. Quale che sia la decisione del tribunale competente, il processo passerà tutte le istanze e arriverà davanti alla corte suprema.

Possiamo quindi attenderci, in un prossimo futuro, che l'autorità ufficiale più autorevole emetta una sentenza definitiva circa la questione se il lupo della steppa sia un animale o un uomo.

Sono una bella cosa la contentezza, l'assenza di dolore, le giornate tollerabili e accucciate nelle quali né il dolore né il piacere osano alzar la voce, ma tutto bisbiglia e cammina in punta di piedi. Se non che io sono purtroppo fatto così, non sopporto questa contentezza, che dopo un po' mi diventa odiosa e insopportabile e ributtante, e devo rifugiarmi disperato in altre atmosfere, possibilmente passando per le vie del piacere ma, in caso di bisogno, anche per le vie del dolore. Quando sono stato per un po' senza piaceri e senza dolori e ho respirato l'insipida sopportabilità delle così dette buone giornate, la mia anima infantile è talmente agitata dal vento della miseria che prendo la lira arrugginita della gratitudine e la scaglio in faccia al sonnacchioso e soddisfatto Dio della contentezza, e preferisco sentirmi ardere da un dolore diabolico piuttosto che vivere in questa temperatura sana. Allora avvampa dentro di me un desiderio selvaggio di sentimenti forti, spettacolari, una rabbia contro questa vita piatta, sfumata, normale e sterilizzata, e una voglia folle di fracassare qualche cosa, non so, un magazzino o una cattedrale o me stesso, di commettere pazzie temerarie, di strappare la parrucca a un paio di idoli venerati, di fornire a qualche scolaro ribelle il desiderato biglietto ferroviario per Amburgo, di sedurre una ragazzina o di torcere il collo a qualche rappresentante dell'ordine borghese nel mondo. Questo infatti ho più che mai odiato, aborrito e maledetto: questa soddisfazione, la salute pacifica, il grasso ottimismo del borghese; la prospera disciplina dell'uomo mediocre, normale, dozzinale.

Gli psichiatri dichiarano psicopatico un soggetto che reagisca con ipersensibilità e violenza a piccoli disturbi, piccole irritazioni, piccole offese del proprio io, mentre quello stesso individuo, forse, sopporta con calma dolori ed emozioni che la maggioranza degli uomini considera molto gravi. Passa perciò per sano e normale uno che si lasci offendere a lungo senza nemmeno avvedersene, che sopporti senza muovere un lamento la musica più infame, la più orrenda architettura, l'aria più guasta, ma che batte i pugni sul tavolo e impreca al demonio non appena, giocando a carte, perde una partita. Molto spesso, nelle osterie, ho visto e sentito persone di buon nome e che passavano per assolutamente rispettabili e normali, bestemmiare e smaniare in maniera così fanatica, villana e bestiale a causa di una perdita al giuoco, specie se credevano di doverne dar la colpa a un loro compagno, che mi sarei sentito spinto a sollecitare, presso il medico più vicino, l'internamento di quegl'infelici. Esistono varie unità di misura, e le possiamo ammettere tutte: ma non mi riuscirà mai di considerarne santa una soltanto, foss'anche quella della scienza o della morale pubblica del momento.

Le parole e i concetti del sociale e del collettivo sono già oggi divenuti reliquie per il semplice motivo che l'individuo si sente perduto e smarrito; credo anzi che più tardi, quando si parlerà della nostra epoca, si osserveranno una tendenza alla sopravvalutazione religiosa della comunità e una "fuga" vera e propria dai compiti personali verso quelli sociali. Non posso condividere l'opinione secondo cui tutto ciò che riguarda la comunità è di per sé e senza condizioni migliore e più sacro di ciò che riguarda il singolo. L'inclinazione e il dovere che sentiamo verso la dimensione sociale non sono che alcuni dei nostri doveri e inclinazioni: importanti ma non unici né supremi, dacché di doveri "supremi" non ne esistono affatto. L'uomo devoto delle precedenti culture, che faceva capo a Dio, aveva in sé un grande valore sociale, sebbene egli orientasse tutte le sue attenzioni esclusivamente al suo rapporto personale con Dio. E così è sempre stato, già presso gli antichi cinesi e in tutti i tempi: l'uomo virtuoso, di valore, desiderabile e perfettibile è sempre stato colui che sentiva di avere un rapporto diretto con Dio, foss'egli un generale o un eremita, colui che, al posto assegnatogli, svolgeva il compito per il quale l'uomo esiste: maturare se stesso fino a raggiungere il più alto valore possibile; allora era prezioso e importante, anche in relazione agli altri, alla comunità e allo Stato.

LETTERA A UN COMUNISTA

È facile formulare la mia posizione personale nei confronti del comunismo. Il comunismo (e con ciò intendo essenzialmente gli obiettivi e il pensiero espressi nel vecchio manifesto di Marx) è in procinto di trovare attuazione nel mondo: il mondo è ormai maturo e non solo da quando il sistema capitalistico mostra chiari segni di declino, ma in particolare da quando la socialdemocrazia "maggioritaria" ha del tutto abbandonato lo stendardo della rivoluzione.

Considero il comunismo non solo fondato, ma addirittura ovvio: verrà e vincerà anche se noi tutti dovessimo opporci. Chi oggi sostiene il comunismo asserisce il futuro.

Oltre all'approvazione che il mio intelletto esprime al suo programma, da quando io vivo una voce in me ha sempre parlato a favore di chi soffre: sono sempre dalla parte degli oppressi contro gli oppressori, degli accusati contro i giudici, degli affamati contro i voraci divoratori. Però, a dire la verità, non avevo mai chiamato comunisti questi sentimenti che a me paiono naturali, ma piuttosto cristiani.

Dunque: come lei anch'io ritengo che la via marxista, che travolge il capitalismo agonizzante per realizzare la liberazione del proletariato, sia la via del futuro, e che il mondo sia costretto a percorrerla, lo voglia o no.

Fin qui siamo d'accordo.

Ma a questo punto probabilmente lei mi chiederà perché io, pur ritenendo giusto il comunismo e pur assumendo una posizione a favore degli oppressi, non mi impegni nella lotta e non metta la mia penna a servizio del suo partito.

A questo è difficile rispondere: si tratta infatti di questioni che io considero sacre e vincolanti, ma che per lei neanche esistono. Io rifiuto in modo totale e deciso di divenire membro di un partito o di mettere il mio lavoro di scrittore a servizio del vostro programma, benché l'idea di avere fratelli e compagni, una comunità di persone di uguale sentire sia piuttosto seducente.

Ma in realtà le nostre idee non sono affini. Perché, se approvo i vostri obiettivi, o per essere più chiari: se anch'io credo che il comunismo sia maturo per assumere il potere e con ciò l'enorme responsabilità che comporta, a cominciare dall'accollarsi spargimenti di sangue e guerra – ebbene, ciò per me non è poi molto diverso da quando in novembre penso che presto verrà l'inverno. Credo al comunismo come programma per il futuro dell'umanità, lo considero indispensabile e inevitabile. Ma non per questo ritengo che, di fronte ai grandi problemi esistenziali, il comunismo possegga risposte migliori rispetto a una qualsivoglia antica saggezza. Credo che dopo cento anni di teoria e dopo il grande esperimento russo, il comunismo abbia oggi non soltanto il diritto ma anche il dovere di trovare attuazione nel mondo; credo e spero francamente che riuscirà a eliminare la fame e con ciò un grande incubo dell'umanità. Ma non ritengo che riuscirà laddove non sono riusciti le religioni, i codici e le filosofie dei secoli precedenti. Che il comunismo abbia ragione anche oltre la proclamazione del diritto di ciascun uomo al pane e al riconoscimento del proprio valore, e che sia migliore di una qualsiasi altra forma di pensiero del passato, questo non lo credo. Il comunismo affonda le sue radici nel Diciannovesimo secolo, nel terreno della più arida e boriosa egemonia dell'intelletto, di una professionalità saccente, fredda, priva di fantasia. Karl Marx ha imparato a pensare in questa scuola, il suo modo di vedere la storia è quello di un economista nazionale, di un grande specialista, ma non è affatto più "oggettivo" di qualsiasi altro modo di vedere, è straordinariamente unilaterale e anelastico: è geniale e si giustifica non per una maggiore dignità spirituale ma in virtù del suo deciso orientamento all'azione.

Se oggi scrivessimo 1831 anziché 1931 è probabile che

come poeta e come scrittore sarei assai preoccupato dei travagli e delle convulsioni del domani e del dopodomani, e per un certo tempo mi adopererei con tutte le energie per cercare di conoscere l'imminente rivolgimento. Così ha fatto a suo tempo il poeta Heinrich Heine, che per un certo periodo, forse il più fecondo della sua vita, fu a Parigi amico e collaboratore del giovane Marx. Ma oggi lo stesso Heine sarebbe più interessato al domani e al dopodomani che non all'attuazione di ciò che a lungo è stato ritenuto giusto e degno di essere attuato. Oggi egli riconoscerebbe senz'altro che il socialismo ha alle spalle una scuola e deve ora assumere il potere, o sarà spacciato. Egli approverebbe questo processo, la conquista del mondo da parte del comunismo, e lo riterrebbe giusto, ma non sentirebbe alcun impulso a contribuire a trainare questo carro che è già in pieno movimento.

Un poeta non è migliore né peggiore di un ministro, di un ingegnere, di un oratore, ma è completamente diverso. Una scure è una scure, con essa si può spaccare legna ma anche teste. Ma un orologio e un barometro sono fatti per svolgere funzioni diverse e se li si vuole usare per spaccare legna o teste si rompono senza che nessuno ne tragga vantaggio.

Non è questo il luogo per elencare o spiegare i compiti e le funzioni del poeta in quanto speciale strumento dell'umanità. Egli è forse una sorta di nervo nel corpo dell'umanità, un organo fatto per reagire a teneri richiami e bisogni, un organo fatto per destare, ammonire, indicare. Ma non è un organo con cui si possono compilare o appendere manifesti, non è adatto a fare lo strillone al mercato, perché la sua forza non consiste nell'avere la voce alta; a questo scopo Hitler è assai più capace. In ogni caso, quali che possano essere i suoi compiti, un poeta ha valore e va preso sul serio solo quando non si vende né lascia che si abusi di lui, quando preferisce soffrire o morire piuttosto che rinnegare ciò che avverte dentro di sé come la sua vocazione.

Karl Marx ha avuto una vera grande sensibilità per la poesia e l'arte del passato, ad esempio per quelle greche e, semmai in qualche punto della sua dottrina non sia stato completamente franco, fu laddove, nonostante la sua approfondita conoscenza, non riconobbe le arti come un organo dell'umanità, ma solo come una parte della "sovrastruttura ideologica".

No, io piuttosto vorrei mettervi in guardia dai poeti che si offrono a voi, che insieme a voi gridano e lottano. Il comunismo è una faccenda assai poco poetica, così era ai tempi di Marx e lo è oggi ancora di più. Come ogni altra ondata di potere materiale il comunismo metterà in serio pericolo persino la poesia, avrà poca comprensione per la qualità, e con passo tranquillo e sicuro calpesterà a morte senza compassione una gran quantità di belle cose. Porterà con sé ogni sorta di sovvertimento e di nuovo ordine fino a che non sarà costruita la nuova casa per la nuova società; lascerà intorno a sé molte rovine e noi artisti non saremo al posto giusto come manovali. Si riderà ancor più di noi e delle nostre tenere preoccupazioni e verremo presi assai meno sul serio di quanto non accadesse nell'epoca della borghesia.

Ma ben presto nella nuova casa dell'umanità rinascerà l'insoddisfazione, e non appena la paura della fame sarà bandita, sarà chiaro che anche l'uomo del futuro, l'uomo massa, ha un'anima e che quest'ultima coltiva in sé le sue specie di fame e di bisogni, di pulsioni e costrizioni, e che le pulsioni, i bisogni, i desideri e i sogni di quest'anima svolgono un ruolo estremamente grande in tutto ciò che l'uomo pensa, fa e desidera. E se allora ci saranno esperti conoscitori dell'anima: artisti, poeti, consolatori, uomini che comprendono, guide, ciò sarà un bene per l'umanità.

Al momento i vostri compiti sono facili da riconoscere.

Voi comunisti avete un programma chiaro da realizzare e per il quale dovete adoperarvi. Al momento i vostri compiti paiono più chiari, più necessari, più seri dei nostri. Anche questo cambierà di nuovo, così come è cambiato tante volte.

Col diritto del belligerante ucciderete forse questo o quel poeta perché scrive inni di battaglia a favore dei vostri nemici; probabilmente si scoprirà poi che non si trattava affatto di un poeta ma di un semplice compilatore di manifesti. Ma vi ingannerete a vostro danno ritenendo che un poeta sia uno strumento del quale la classe di volta in volta al potere possa servirsi a suo piacimento, quasi si trattasse di uno schiavo o di un talento che si possa comprare. Pensandola così prendereste un abbaglio con i vostri poeti perché proprio i peggiori rimarrebbero attaccati a voi. I veri artisti e poeti, nel caso più tardi ve ne voleste occupare, li riconoscerete dal fatto che nutrono un anelito indomabile all'indipendenza e smettono subito di lavorare quando li si vuole costringere a svolgere il proprio lavoro in modo diverso da quanto gli detta la loro coscienza. Non sarà possibile comprarli dando loro in cambio marzapane o alti incarichi, e si faranno uccidere piuttosto che lasciare si abusi di loro. Da ciò li riconoscerete.

Sembra invero che all'uomo sia data una sola speranza, e cioè di poter trasformare e migliorare non il mondo e gli altri, ma almeno in certa misura se stesso; su quanti fanno ciò posa, segretamente, la salvezza del mondo.

Rinunci ad almanaccare su questioni insolubili. Insolubili sono le domande sull'essenza di Dio o sullo spirito del mondo, sul senso e la direzione dell'universo, sull'origine del mondo e della vita. Riflettere e dibattere su questi problemi può essere un gioco bello e interessante, ma non ci porta alla soluzione dei nostri problemi esistenziali.

Lei è al mondo senza sapere perché... Portare alla maturità e alla maggior compiutezza possibile la sua vita e le sue doti intellettuali e spirituali: questo è il senso della sua vita, e quanto più riuscirà in ciò, tanto più lei sarà felice. Che la maggior parte degli uomini siano meno differenziati e dotati... che i più non abbiano una vita e un pensiero propri, ma vivano e agiscano sempre come massa, lei lo ha già scoperto da solo. Non possiamo modificare questo stato di fatto, sarà sempre così; anzi, quanto più rapidamente l'umanità si moltiplicherà e quanto maggiori saranno i mezzi tecnici in suo possesso, tanto più si appiattirà per divenire una comunità uniforme. Per la massa dell'umanità il compito della vita consiste solo nell'integrarsi e nell'adattarsi, riducendo al minimo gli attriti e le responsabilità personali. Noi altri, quel numero sempre esiguo di chi è dotato e chiamato a una vita personale, individuale, abbiamo rispetto alla massa una sensibilità più delicata e una maggiore capacità di riflessione, e queste doti possono procurarci molta felicità. Noi vediamo, ascoltiamo, sentiamo, pensiamo in modo più preciso, più ricettivo, più ricco di sfumature, ma siamo anche soli e in pericolo, dobbiamo rinunciare alla felicità della massa irresponsabile. Ciascuno di noi deve cercare di chiarire a se stesso le sue doti, le sue possibilità e peculiarità, deve mettere la sua vita al servizio del perfezionamento e della realizzazione di sé. Così facendo prestiamo nel contempo un servigio all'umanità, perché tutti i valori della cultura (religione, arte, poesia, filosofia) nascono su questa via. In tal modo l'"individualismo", tante volte bistrattato, si pone a servizio della società e perde l'odio dell'egoismo.

Lei è sulla via per divenire una personalità, e dovrà continuare a percorrere questo cammino anche quando dovesse davvero condurre alla follia o al suicidio. In verità non prendo molto sul serio questi due pericoli, in alcuni casi non sono affatto pericolosi e sono anzi la giusta conclusione di una vita, non certo la peggiore.

Prendo sul serio solo l'uomo in quanto singolo, in quanto personalità, e la via che conduce a questo traguardo sembra oggi ancora più impervia di quanto non lo fosse già ai tempi della mia giovinezza. Eppure, d'altro lato, non ha mutato il suo senso e il suo volto, visto che i destini umani veri e propri non mutano quasi affatto nei secoli.

Sono mutate soltanto le seduzioni che oggi vogliono indurre i giovani ad abbandonare precocemente la difficile via che conduce a se stessi, per dedicarsi, in compenso, a una comunità, a uno scopo apparentemente elevato e nobile. A mio parere queste seduzioni non si sono manifestate in lei nella forma grossolana di programmi politici e ideali illusori: lei è già divenuto troppo persona per questo. Ma lei è incline a consacrarsi a comunità più ristrette, più idealistiche: vegetariani, nuovi coloni, riformatori della vita, ecc. Non ha importanza che di per sé gli ideali di queste comunità siano o meno nobili e buoni, perché esse rappresentano un pericolo per giovani della sua tempra: anche queste comunità più ristrette e animate da ideali vogliono infatti formarla, forgiarla anzitempo, educarla e irregimentarla; ma non pensi di dover fuggire questo pericolo e rimanere solo, dovrà invece sempre pensare che avrà raggiunto il suo pieno valore umano e che questo diverrà efficace solo quando lei avrà davvero sviluppato, quanto più le sarà possibile, una personalità, un carattere. Dunque non deve mai prendere così sul serio gli ideali e gli scopi di tali comunità e dei loro capi, quanto il suo proprio divenire. Se lei vale qualcosa, certamente più tardi subordinerà la sua persona a scopi elevati e umanitari, ma solo quando la sua personalità si sarà pienamente sviluppata.

Ciò che per tutta la vita mi ha occupato, avvinto, reso fecondo non sono stati i problemi sociali, ma quelli dell'individuo, e la tendenza, propria del nuovo corso storico, ad annientare la personalità a favore della massa indifferenziata mi è del tutto odiosa... Le difficoltà che oggi il mondo oppone all'individuo e al suo armonico sviluppo, come ho modo di sperimentare ogni giorno, vengono da molti avvertite con forza anche in seno ai sistemi religiosi e agli stati autoritari, specie dai giovani più dotati, e una parte di questi giovani, almeno nell'area di lingua tedesca, sembra vedere in me il poeta loro affine.

DA UN DIARIO DEL LUGLIO 1933

Le notizie che giungono dalla Germania (da ultimo quelle sui nuovi progetti di legge sull'appartenenza al Reich, ecc., gli onori tributati agli assassini di Rathenau e altre simili espressioni di cruda follia e violenza) talvolta spaventano; ma ci si è già fatta l'abitudine, anzi, tra poco non desteranno né clamore né raccapriccio. Quello che continua a preoccuparmi non è la mia critica al regime tedesco, che non è poi molto diversa da quella di gran parte degli stranieri, mi preoccupa invece la mia scarsa comprensione per l'atteggiamento assertivo e vitalistico manifestato dai tedeschi di retto sentire, per la loro accettazione di una "rivoluzione" che agli inizi li spaventava, in breve per la forma in cui oggi si esprime l'amor di patria nel Reich tedesco. Mi interessa e mi tormenta riuscire a capire perché uomini tranquilli, seri, apartitici (penso a H. e a qualche altro) ora approvino questa rivoluzione, perché la considerino uno stato di guerra e di emergenza, e si mettano a sua disposizione come collaboratori o come vittime. Quando la "rivoluzione" è solo reazione e terrore bianco, quando di fatto, come è dato concludere da molti segni, è caratterizzata da una cecità e un'avversione per nulla ingenue, anzi patologiche e proterve nei confronti della critica, ed è dunque intimamente falsa, ostile a quanto è organico e vivente, allora non ha più alcun senso affermare ciò che ad esempio mi ha scritto H.: «Se cessasse e fallisse anche questo enorme sforzo di ripresa del nostro popolo, allora crollerebbe tutto, e questo non deve accadere». No, in questo caso crollerebbe solo qualcosa, senza causare poi tanto danno; e se in questo naufragio dovessero andare a fondo molto buon sangue, molto sincero amore e molte idealità tedesche, sarebbe allora meglio che affondassero, anziché fare da supporto a una organizzazione che è essenzialmente malvagia e diabolica. E malvagia e diabolica a me, che non sono affatto un politico, appare l'impostazione complessiva del Terzo Reich, pur concedendo io a ciascuno, persino ai capi, l'attenuante della *bona fides* e dell'ottenebramento. Mi sembra molto importante e significativo che la chiesa protestante abbia subito abbracciato questo movimento e sembri sul punto di mettersi a disposizione, quale organizzazione tedesca, germanica, non più romana né più cristiana, di uomini dai titoli altisonanti e dalle belle uniformi, senza condizioni. Tutto quanto vi è di ambiguo nel protestantesimo, dal servilismo di Lutero nei confronti dei principi, fino alla divinizzazione di tutto quel che è puro dinamismo tra i giovani teologi, qui confluisce e diviene espressione di una forma determinata, tedesca e appunto protestante, di cieco nazionalismo. A ciò si confà l'adorazione che ha di sé il tedesco d'oggi, il quale nutre un profondo rispetto per la sua natura "tragica" e "faustiana", intendendo con ciò che lui, l'eletto e insieme il designato tra i popoli, è ormai destinato a sbarazzarsi dei limiti meschini della semplice ragione e della semplice morale per realizzare cose grandi, progetti enormi, e cioè vivere fino in fondo le sue pulsioni e soddisfare le sue voglie. A questo scopo la teologia dei pastori protestanti del Reich ha a sua disposizione una dogmatica del "peccandum est" che appare ancora più ingegnosa di quella con cui ha celebrato la guerra del '14.

Dunque, due cose mi preoccupano: che nel Reich anche le persone pulite, affidabili, oneste e decisamente non vili approvino in larga misura e partecipino di questa nuova forma di patriottismo giubilante e bellicoso, al naufragio del quale hanno pure da poco assistito; e secondo: che questa forma irrazionale ma forte di vita istintuale organizzata, questo metodo fondato sullo schiamazzo e sull'autorità dei capi, questo potente rullo compressore dell'uniformazione a una soggezione incondizionata – che tutto questo ingranaggio (non ha importanza che sia fascista, socialista, o rivesta un'altra forma) non sia forse proprio il metodo con il quale, nel momento storico attuale, i popoli vogliano e debbano essere governati. In quanto pensatore e per di più cristiano, mi rendo conto infatti che ogni forma di violenza, senza eccezione alcuna, è una problematica del "mondo", che la ricerca della violenza e la sua pratica si realizzano sempre e in tutte le forme immaginabili nell'al di qua: è dunque una questione che riguarda le pulsioni, e mai lo spirito, anche se la sua giustificazione ricorre a migliaia di argomenti "spirituali". Saranno sempre i Napoleoni a governare e i cristiani a essere trucidati, ma quando il Terzo Reich rinuncia a millenarie abitudini, forme e limitazioni europee e cristiane, e in virtù di una debole ideologia rende omaggio quasi senza freni al potere, proprio come avviene nel regime sovietico, tutto questo ha in sé tuttavia qualcosa di nuovo, qualcosa che è proprio del nostro tempo, qualcosa che ha rotto con idee divenute ormai fragili, e ne è uscito rafforzato. Ebbene, quello che Hitler e i sovietici si sono lasciati alle spalle è soprattutto la convenzione cristiana; in ciò sono uguali. Non che i capi del Terzo Reich siano degli anticristi, e che Bismarck o Metternich siano stati davvero cristiani. Ma oggi si rompono i ponti con le convenzioni dell'umanità, del diritto, della morale dei popoli che, pur essendo già da tempo imputridite, tuttavia finora si era sempre cercato di risparmiare. Ad esempio, si potrebbe ben pensare: se i tedeschi nel 1914 fossero entrati in guerra, anziché con la vecchia ideologia ormai consunta, con questa nuova ideologia, rude ma robusta, che si scrolla di dosso la cristianità definendola stupido sentimentalismo, contro popoli la cui morale era sì marcia ma ancora valida – forse, nonostante la superiorità degli avversari, avrebbero potuto sconfiggere il mondo intero. Ebbene, non l'hanno fatto; hanno invece perso la guerra e la perderebbero subito di nuovo, se oggi ci fosse un altro conflitto. Sembra dunque che il valore della nuova ideologia, considerata anche da un punto di vista puramente biologico, sia assai fiacco. Dalla memoria del popolo è stato cancellato un pezzo di storia, e cioè il ricordo della guerra e dei suoi precedenti politici, grazie al ricorso alla magia primitiva, e dal bolscevismo si è appreso un nuovo metodo per esercitare il potere e dirigere le masse, ma nessuno dei due è poi così originale come pare a molti. Non basterà come impalcatura intellettuale per una costruzione così imponente, sebbene da un'ideologia non ci si attenda poi molto. Infine, la storia tedesca non ha avuto inizio quando nel paradiso senza colpa della Germania, all'improvviso, come un demone, ha fatto irruzione il trattato di Versailles, né, considerate le cose con razionalità, i fanatismi del sangue e della razza possono essere paragonati al marxismo. Io non amo, lo sa Iddio, questo marxismo, né il suo debole buon senso, ma per potersi paragonare all'Unione Sovietica il Terzo Reich dovrebbe avere qualcosa di più della croce uncinata e degli occhi azzurri.

D'altra parte, se ritenessi sufficienti questi argomenti razionali, la faccenda sarebbe liquidata. Ma dietro di loro, nella croce uncinata e nella fanatica atmosfera da pogrom del Reich ho il sentore di forze che non si lasciano confutare con la ragione, e che, poiché sono in grado di percepirle ma non di approvarle né di accettarle, mi tormentano.

È singolare il fatto che tra i poeti che col Terzo Reich hanno improvvisamente riacquistato notorietà ci siano soltanto due veri poeti, [Paul] Ernst[1] ed [Emil] Strauss,[2] e che Ernst sia morto proprio nel momento in cui stava per ottenere la fama (cosa che gli si addice a meraviglia) e Strauss sembri vecchio, logoro e spento. O almeno, da più di dieci anni non pubblica nulla, e l'unico scritto che ho avuto modo di leggere sulla sua fede politica è stato una grossa delusione: in un suo saggio pubblicato dal «Volkischer Beobachter» egli pretendeva di raccontare come fosse giunto a dar credito a Hitler, ma si finiva per apprendere soltanto che dal tempo della guerra egli si era sentito troppo avvilito e scontento per impegnarsi politicamente e che si era limitato a lavorare la terra e a coltivare frumento. Bene, lo capisco: ma come è giunto a Hitler per questa via? Così: un giorno si trova in treno per andare a comprare del grano da seminare. Di fronte a lui è seduta una signora dall'aspetto simpatico; incominciano a conversare, scoprono che entrambi amano la patria e ritengono in-

[1] Paul Ernst (1866-1933), romanziere e drammaturgo. Nel marzo 1933 il ministro per i Beni Culturali Bernhard Rust aveva annunciato: «La nuova Germania restituirà a Paul Ernst, una delle guide più profonde e più pure del popolo tedesco, quanto il passato gli ha negato». Quindi venne pubblicata per la prima volta la sua opera completa in diciannove volumi.

[2] Emil Strauss (1866-1960), narratore e romanziere, legato a Hesse da rapporti di amicizia fino allo scoppio della Prima guerra mondiale.

sostenibile l'attuale situazione e a questo punto la signora gli racconta che viene da Monaco, dove c'è un tale che organizza raduni e prepara la nuova Germania, e quest'uomo si chiama Hitler. In tal modo dunque Strauss ha conosciuto Hitler, e al proposito non dice una parola di più. Una cara, simpatica signora gli ha raccontato che a Monaco un tale arringa il popolo e, notate, questo sarebbe stato il grande momento nella vita di Strauss. È stato terribile per me leggere tutto questo, l'intero articolo non era che un *feuilleton* mediocre, debole, fiacco, privo di tensione, e da un punto di vista linguistico quasi insulso: era il sorriso debole e stanco di un vecchio amareggiato. Quanto ho amato questo Strauss, e quanto lo amo ancor oggi. Non gli rimprovero di essere patriota, di pensare anch'egli che la storia mondiale inizi con Versailles, di essersi infatuato di Hitler, di avere smarrito la strada per via di una banale conoscenza fatta in viaggio. No, nonostante tutto il mio amore, non gli perdono e non comprendo questo: Strauss ha taciuto per molti anni, egli era noto ed esemplare per il rigore che esercitava su se stesso, non pubblicava *feuilleton* né confessioni d'occasione mal formulate, il suo costume di vita era solitario, severo, ascetico, pesava ogni parola che scriveva; nei numerosi, duri anni del dopoguerra, ad esempio, ha sempre rinunciato a pronunciarsi, ad appellarsi al suo popolo, ad affrontare i suoi nemici politici: no, ha coltivato frumento e ha sofferto privazioni, pulito e onesto. Ma ecco che viene sollecitato dal giornale di Hitler, e il vecchio Strauss, in modo frettoloso e maldestro, scrive questo articolo mediocre e folle. Ma io penso di conoscere Strauss meglio dei suoi attuali estimatori: credo e so che nonostante tutto non gioisce di questa fama attuale, di questo paese diventato chiassoso e schiamazzante, che nel profondo del cuore soffre, che si rallegra di morire presto, perché la realtà del Terzo Reich si mostra affatto diversa da come questo leale tedesco possa avere sognato.

Con Finckh[3] le cose sono diverse e più semplici. Naturalmente, come sempre, il caro Finckh sta dalla parte del Kaiser e del Reich, e il suo animo è leale e onesto quanto più è possibile, ma nel suo caso c'è dell'altro: i nostri rapporti di lunga data e nonostante tutto ancora affettuosi, la sua vita difficile, il tramonto della fama e del successo di cui un tempo ha goduto, l'eterna preoccupazione, l'eterno dover stare a guardare, mentre gli altri ottengono successo. Nonostante tutto ha conservato per me affetto e stima; non soltanto riconosceva che da un punto di vista letterario gli ero forse superiore, ma riconosceva persino la probità dei miei sentimenti politici e morali, per quanto non coincidessero con i suoi. Ora, nel Reich degli altoparlanti, all'improvviso egli mi ha tradito. Non in modo grave né pregiudizievole per me, e forse addirittura senza saperlo. Ha appena promulgato un appello alla "gioventù hitleriana" di Baden che riguarda i poeti tedeschi, e in cui consiglia ai giovani, nella scelta dei loro poeti, di eseguire con onestà solo il proprio sentimento e l'istinto che detta il cuore, ma poi presenta loro una lista di pecore e caproni. Inoltre (cosa che fino all'altroieri sarebbe stata assolutamente impossibile), F. presenta un quadro della poesia tedesca contemporanea, ma tralascia il venerato Hesse. Forse senza esserne cosciente. Ma deve avere fiutato in me il pericolo, perché se avesse seguito il sentimento e la convinzione avrebbe dovuto annoverarmi tra i poeti veramente tedeschi; ogniqualvolta si parlava di poeti tedeschi, con enfasi quasi eccessiva egli mi nominava tra i primi e tuttavia oggi, per via della mia residenza in Svizzera e delle mie concezioni politiche, deve ritenermi sospetto. Del resto non ama i conflitti; se non può colloca-

[3] Ludwig Finckh (1870-1964), scrittore, amico di Hesse durante gli anni da lui trascorsi sul lago di Costanza, prima dello scoppio della Prima guerra mondiale.

re Hesse tra i poeti tedeschi non si risolve ad annoverarlo tra la ciurmaglia, tra gli ebrei e i poeti da strapazzo, ecc., e così omette il nome di Hesse. E poi alla gioventù hitleriana consiglia una sfilza di poeti che non sono tali e che lui stesso finora non ha né amato né letto. A parte Strauss ed Ernst la sua lista non comprende nessun vero poeta, dimentica o non conosce Carossa,[4] come pure Billinger,[5] benché entrambi avrebbero giovato al suo intento. Egli fa propri i nomi che oggi vengono propagandati dalla stampa hitleriana con maggiore schiamazzo, e con ciò pensa di offrire alla gioventù l'esempio di come scegliere con autonomia i propri poeti. Finckh scrive un brutto *feuilleton* stereotipato, al di sotto della media e per di più, anche se consapevole solo a metà, commette un tradimento nei miei confronti, nei confronti dell'amicizia più forte, del più forte influsso intellettuale della sua vita, e nonostante tutto è molto probabile che appaia a questa gioventù come un anziano signore per nulla interessante, cui nessuno presta ascolto. Per quanto mi riguarda, tutto ciò non ha cambiato il mio atteggiamento nei suoi confronti, credo alla sua onestà e apprezzo le sue virtù, non sono certo un partito. Tuttavia Finckh a me pare un esempio particolarmente chiaro dell'avvilimento che hanno a soffrire il pensiero, il gusto, la delicatezza d'animo per via della psicosi di massa; in lui si mostrano con particolare lucidità queste deformazioni, questo abbrutimento, questa distorsione, perseguiti senza cattive intenzioni e senza che affiorino alla coscienza di chi ne è vittima.

Anche in questo caso non è facile scoprire cosa c'è di fatale e di preoccupante. Le mie ragionevoli affermazioni su Finckh e Strauss, su questo loro deragliamento, sull'a-

[4] Hans Carossa (1878-1956), medico, poeta e romanziere, intrattenne con Hesse un'amichevole corrispondenza.
[5] Richard Billinger (1893-1965), poeta, romanziere e drammaturgo.

more che tuttavia continuo a nutrire per entrambi, non centra affatto il problema. A tormentarmi non è il fatto che uomini amati e stimati facciano sciocchezze, delle cui macchie io debba poi ripulirmi. A tormentarmi è un motivo affatto diverso. E cioè, in persone come Finckh, Strauss e così via, io vedo quel che definisco "virtù" (sono qualità preziose, che in loro apprezzo maggiormente perché io stesso non le possiedo, o solo in minima misura) – io vedo queste virtù mescolate in modo indissolubile a qualcosa che mi risulta incomprensibile e ripugnante, ed è probabile che lo stesso accada anche a loro quando pensano a me. Specialmente nel modo di amare il "loro" popolo e la "loro" patria, in quel loro amore intenso, vero, sanguigno, inestirpabile, che nessuna passione, nessun potere e nessuna ragione può compromettere, io vedo una grande forza e una virtù, sebbene possa condurre a conseguenze assai sgradevoli. Sono portato ad ammirare questa grande capacità di amare, quasi a invidiarla; lo stesso mi è capitato anche con le donne che mi hanno amato: le ammiravo sempre quasi con cattiva coscienza, perché sempre la loro capacità di dedizione nei confronti di una sola persona mi pareva qualcosa di indicibilmente forte e anche bello, che a me manca, che ammiro ma non posso emulare. Non possiedo questa forza di dedizione nei confronti di un oggetto amato, anzi, per me questo oggetto non è mai stato materiale, non è mai stato una persona o un popolo, ma sempre qualcosa di assolutamente impersonale, Dio o il tutto, o l'umanità, o lo spirito, o la virtù, o il concetto di "perfezione". So che anche per mio padre, e forse anche per mio nonno Gundert, le cose stavano press'a poco così. Se ora un Finckh, o chi per lui, sente se stesso solo come parte del suo popolo, se dipende da questo popolo per prosperare o precipitare, se preferisce patire insieme a lui la miseria e rovinarsi anziché abbandonarlo, in questo riconosco la stessa forza violenta, cieca, letale, in virtù della quale ad esempio Finckh dipende dai suoi figli. Anche il defunto signor Wenger,[6] un uomo dotato di una forza primigenia e non del tutto innocuo, aveva questa caratteristica: per salvare la sua famiglia si sarebbe fatto fare a pezzi. Naturalmente questo amore non è una "virtù" nel senso comune del termine, può accompagnarsi a migliaia di peccati, può condurre al fanatismo e all'omicidio. Ma rende forte colui che ama, cieco, capace di azioni eroiche; è una forza che fa balzare nell'acqua e nel fuoco, spegne l'io e nel contempo gli dà un'energia gigantesca. Io mi sento poco dotato per questa forma di amore, già da un punto di vista fisico mi manca una natura indomita e possente, sono troppo debole e delicato, troppo "intellettuale", e tutto questo detto senza ironia. Anch'io, in casi estremi, credo che mi saprei sacrificare, che potrei rischiare la morte pur di non tradire i miei ideali. Ma sacrificare in ogni momento, per un oggetto visibile, egoismo e comodità, tranquillità e lavoro, capacità di critica e di riflessione, essere sempre pronto a uccidere e a morire come la femmina di un animale nel deserto: per questo non sento di avere in me la capacità, e non voglio affatto cercare di spacciare questa carenza per una virtù. Così come io nella vita quotidiana tendo all'isolamento, alla solitudine, alla meditazione, ecc., allo stesso modo tendo a isolarmi anche nei confronti del popolo (che, ad esempio, nell'accezione dostoevskijana amo molto). Questo atteggiamento non ha nulla di politico, da ciò non si può dunque dedurre che non abbia mai sperimentato né provato un vero e proprio sentimento di appartenenza politica. Ma se non subisco sollecitazioni esterne, scivolo sempre più in disparte, in una vita tranquilla e pensosa. Ad esempio, mi vanno a genio il paese in cui viviamo e i contadini li critico molto

[6] Theo Wenger, padre della seconda moglie di Hesse, Ruth Wenger.

meno di Ninon,[7] e tuttavia non entro in contatto con loro. In sostanza, in teoria sono un santo che ama tutti gli uomini, e in pratica un egoista cui non piace mai essere disturbato. Mi ritraggo di fronte al popolo e all'umanità e credo (pur senza esserne del tutto convinto) che ciò sia giustificato dal mio lavoro, che si svolge nella solitudine e nella quiete e che tuttavia, alla fine, appartiene a tutti. Ma forse i lettori dei miei libri che mi scrivono lettere sono anch'essi soltanto degli isolati come me, che in me trovano solo una conferma della loro natura, una giustificazione per il loro scarso dinamismo in amore e per la loro carenza di dedizione, di passione. Con la mia vita e il mio lavoro io servo a una piccola minoranza di originali, e i patrioti possono anche avere ragione quando mi definiscono un freddo uomo d'intelletto e un egoista. In ogni caso sembra che i patrioti e i fanatici abbiano una coscienza migliore della mia, o per lo meno non credo che se ne stiano tanto spesso a riflettere e a tormentarsi con tanti scrupoli come me. Se dunque adesso, di fronte agli eventi iper e iponazionali che si verificano nel popolo, la mia natura si sente oppressa e insicura proprio come nel 1914, questa volta tuttavia mi sento meno esposto ai "grandi tempi" e rispetto ad allora mantengo una distanza assai maggiore. La critica che allora ho esercitato nei confronti di me stesso e del mio popolo non è stata dimenticata, il mio sapere e la mia consapevolezza sono più saldi e coscienti di sé. Proprio per questo ora non ho alcun bisogno di fare discorsi, di formulare critiche o esprimere opposizione. Se rimprovero alla mia natura il fatto di non prendere parte ai sommovimenti dell'anima del mio popolo, d'altra parte non ho dubbi sulla bontà o meno di tali sommovimenti. Perciò non posso condividere il desiderio di

[7] Ninon Ausländer (1895-1960), terza moglie di Hesse.

molti benpensanti, che, grazie all'attuale rivolgimento, alla Germania possa essere risparmiata la bancarotta, penso anzi che una bancarotta precoce sia assai meglio di una tardiva. La falsificazione della storia che contraddistingue questi capi, come pure i metodi brutali che adottano nel radiare, vietare e reprimere tutto quanto li intimorisce, soprattutto ogni verità e autocritica, condanna senz'altro l'intero edificio – ma soltanto per colui che li osserva "dall'esterno" e "obiettivamente". Per chi partecipa di questi eventi in maniera puramente biologica, con slancio ed ebbrezza, le cose stanno diversamente. Molte delle lettere che ricevo dalla Germania sono scritte in uno stato febbrile, proprio come le lettere dell'agosto 1914, infiammate, esaltate, ebbre, canti di odio e canti di Amok. Le altre voci sono più rare, perché dal Reich nessuno osa scrivere apertamente: spionaggio, polizia segreta, delazioni, tutti tremano davanti a questi sistemi. Ma quando di tanto in tanto una lettera parla più apertamente, o una persona sobria viene in Svizzera dal Reich, si odono allora i toni di dolore, dell'indignazione o della rassegnazione, ai quali tutto il mio essere reagisce immediatamente senza freni. Anche adesso il mio cuore è vicino agli oppressi, agli irregimentati, ai maltrattati, agli incarcerati, agli ebrei, agli esiliati. Ma questo non vuol dire che io abbracci senza riserve la mentalità degli emigrati. Non posso entrare in questo partito come neanche nell'altro. Del resto il Terzo Reich fino a oggi mi ha lasciato completamente in pace, nessuno dei miei libri è stato stigmatizzato, nessun giornale mi ha chiuso le porte, continuo anche a ricevere i miei compensi, che in verità si sono fatti assai esegui dal momento che quasi nessuno compra più un libro [...] Io avverto una sorta di dovere a prestare opposizione, ma non posso metterlo in atto se non neutralizzando me stesso e il mio lavoro in modo ancora più intenso. Non vedo possibilità di svolgere un'opposizione attiva, dal momento che in sostanza non credo al socialismo. Perciò nei confronti del Terzo Reich non oppongo un rifiuto e un'opposizione diversi da quelli che provo nei confronti di ogni Reich, di ogni stato e ogni forma di esercizio del potere, il rifiuto e l'opposizione del singolo nei confronti della massa, della qualità nei confronti della quantità, dello spirito nei confronti della materia.

Con gli anni e i decenni ho amato sempre più ciò che è individuale e differenziato, contro ogni tendenza del nostro tempo. E forse in ciò non sono stato solo un originale stravagante, ma ho avuto obiettivamente ragione. Posso almeno constatare che prendermi cura di una ristretta cerchia di persone ciascuna delle quali, pur senza io conoscerle tutte personalmente, ha per me importanza, ciascuna delle quali ha un suo proprio, irripetibile valore e un suo particolare destino, mi dà assai più gioia e mi sembra francamente più giusto e necessario che non impegnarmi per l'assistenza sociale e il benessere che un tempo ho contribuito a promuovere come ruota di un grande ingranaggio di previdenza. Ancor oggi ogni giorno mi pone innanzi all'esigenza di adattarmi al mondo e, come fanno i più, di liberarmi di tutti i compiti attuali con l'aiuto della routine e della meccanizzazione, con l'aiuto di un apparato, di una segretaria, di un metodo. Dovrei forse stringere i denti e prendere esempio dai miei giorni passati? Ma no, non mi sentirei a mio agio, e tutti quei molti che l'onda del bisogno spinge fino alla mia scrivania ingombra, si rivolgono pur sempre a un uomo, non a un apparato. Ciascuno rimanga fedele a ciò di cui ha dato buona prova.

ESAME TARDIVO

Ancora una volta dalle distanze della vita
il destino mi mette alle strette,
nel buio e nella ressa
mi prepara prove e disagi.

Tutto ciò che da tempo sembrava raggiunto,
tranquillità, saggezza, pace degli anni,
confessione di una vita senza rimpianti
mi era dato davvero?

Ah, quella felicità
mi è stata strappata di mano
bene dopo bene, pezzo per pezzo;
i giorni lieti sono finiti.

Montagna di frantumi e cumulo di rovine
sono divenuti il mondo e la mia vita.
Piangendo mi arrenderei
se non avessi la mia tenacia,

tenacia in fondo all'anima
per difendermi, cui appoggiarmi,
e la fede che il tormento
tramuterà in luce,

questa fede infantile, irragionevole
e ostinata dei poeti
nelle luci eterne e inestinguibili,
alte sopra ogni inferno.

IL SALTO

Accingendoci all'opera di tramandare ai posteri le vicende del nobile Villibaldo il Giovane di Ärmel, siamo consci della difficoltà del nostro compito, come pure dell'intempestività e dell'impopolarità di lavori del genere. Un'epoca che distribuisce corone agli inventori degli schiaccianoci atomici, e in cui soltanto con l'aiuto di grande spiegamento di polizia si può regolare l'afflusso del pubblico ai viaggi domenicali verso Saturno; un'epoca che riconosce ed esalta unicamente il successo materiale e le prestazioni sportive misurabili, non terrà in nessun conto, non farà oggetto del minimo interesse né le grandi imprese dei santi stiliti né i virtuosismi pianistici di Gottwalt Peter Harnisch, per tacere del nostro tentativo di onorare la memoria di Villibaldo il Giovane di Ärmel. D'altro canto, ci consola e ci rafforza il pensiero che agli ammiratori di quegli stiliti, di quel Walt Harnisch o del nostro beato Villibaldo di Ärmel, come pure ai denigratori del successo e del progresso andrebbe male, se si aspettassero il plauso che va agli eroi dei record oppure agli astronauti della domenica. No, se dovesse essere qualcosa di simile a un'ambizione, quella che ci spinge e ci anima, si tratterebbe pur sempre di un'altra ambizione, più rispettabile, e più elevata.

La nobile arte esercitata da Villibaldo durante tutta la sua vita non è stata da lui inventata, ma egli l'apprese già da bambino da suo padre, e anche questi aveva predecessori e modelli che risalivano a tempi lontanissimi. Lui, Villibaldo il Vecchio, dal canto suo quest'elevato esercizio, che per lo più viene designato col nome de "il salto", non l'aveva appreso molto precocemente, bensì già adulto. Il poco che sappiamo della sua vita può essere così brevemente riassunto: era figlio di un ufficiale che lo educò in maniera dura e soldatesca e che voleva fare anche di lui un ufficiale, senza però riuscire nel suo scopo perché Villibaldo, amareggiato dal rigore e dalla severità del padre, si ribellò con tutte le sue forze contro i propositi di questi. Sebbene per natura simile al genitore e dedito a ogni sorta di esercizi di abilità e militareschi, si rifiutò costantemente di abbracciare la carriera destinatagli dal padre e, con altrettanta testarda tenacia, si dedicò proprio a quelle attività e a quegli studi che sapeva disprezzati e derisi dal padre, e cioè la letteratura, la musica, le discipline filologiche. Impegnandosi con tutta la sua volontà divenne insegnante ed è, notoriamente, l'autore della canzone che si intitola *Quanto sorride al cuor la primavera*, che per decenni è stata sulla bocca di tanti e tanti e che era il pezzo ricorrente più spesso in tutti i libri di canto delle scuole medie. Le generazioni successive però non trovarono di proprio gusto né le parole né l'aria della canzone, si fecero beffe dello stile di Villibaldo il Vecchio, che pure era stato molto apprezzato da un'intera generazione, e fecero sparire la composizione dai testi scolastici. Non sappiamo se Villibaldo il Vecchio abbia assistito a questo accantonamento della sua composizione, ma è comunque certo che gli avrebbe dato ben poco dolore, perché, dopo aver insegnato per qualche anno in scuole superiori, restò orfano del padre e non appena questo accadde, ecco che in Villibaldo cessò l'atteggiamento di ripulsa nei confronti della vita militare e della carriera da ufficiale in una con quel suo amore per la musica, che era stato esaltato dalla testardaggine. E adesso che la dura autorità contro la quale si era ribellato con tanta forza era scomparsa, si pose a seguire gioiosamente tendenze e impulsi che in lui erano ereditari e, lasciata perdere la grammatica e gli spartiti, abbracciò appunto la carriera delle armi, facendo rapidi progressi. Destinato a un'ambasciata in Oriente, imparò a conoscere quelle terre e vi ebbe l'incontro che avrebbe deciso di tutta la sua successiva esistenza. Poté infatti assistere alla danza dei dervisci, dapprima con un atteggiamento di curiosità alquanto distaccata e scettica, proprio del resto di tanti occidentali che si trovano in quei paesi e che lo ritengono addirittura prescritto; ben presto, però, si trovò a essere più trascinato e coinvolto dall'energia, dall'entusiasmo e dalla dedizione estatica che animava quei devoti danzatori, e soprattutto uno di costoro, un giovane derviscio di alta statura e dall'atteggiamento quasi sovrumano, attrasse la sua attenzione e divenne anzi oggetto della sua meraviglia e del suo affetto. Villibaldo nulla trascurò per riuscire a fare conoscenza e poi ad accattivarsi l'amicizia del giovane, che aveva nome Ahmed e dal quale apprese quel singolare esercizio, alla cui attività in seguito avrebbe dedicato la propria vita, come del resto avrebbe fatto suo figlio; intendiamo riferirci al salto della propria ombra. Dacché aveva scoperto che Ahmed, per compiere particolari esercizi, si ritirava in luogo in cui essere accuratamente al riparo da sguardi curiosi, non ebbe pace finché non convinse il derviscio a rivelargli il suo segreto. Dietro ripetute insistenze di Villibaldo, il quale voleva sapere perché certe cose le facesse in solitudine e circondandosi di tanto mistero, Ahmed se ne uscì in questa sintetica risposta che lasciò l'altro a bocca aperta: «Salto al di sopra della mia ombra». «Ma è impossibile!» gridò Villibaldo. «È assurdo!» «Lo vedrai tu stesso» replicò Ahmed, e invitò l'amico a recarsi il giorno dopo, a un'ora convenuta, in un luogo solitario dietro le scuderie del caravanserraglio. E lì, l'occidentale lo vide effettivamente saltare la propria ombra; in altre parole: lo vide balzare con tanta abilità e rapidità, da non essere in grado di stabilire se davvero il saltatore non fosse più agile e svelto della sua ombra che, in gara con lui, saltava sulla sabbia. L'ombra non aveva requie neppure un istante, e il padrone dell'ombra sembrava essere senza peso, scattava e turbinava in balzi incredibili, ratto come il lampo, tanto da parere una farfalla o una libellula che si esibisse in frulli, volteggi e piroette. Se effettivamente l'ombra venisse superata a balzi oppure no, non soltanto era impossibile dirlo, ma anzi era diventata cosa assolutamente secondaria per lo spettatore stupefatto, il quale finì per dimenticarsene, perché assisteva all'esibizione del saltatore con la stessa partecipazione e meraviglia, con la stessa sensazione di miracolosa felicità, che aveva destato in lui a suo tempo la danza dei dervisci. Finito il suo esercizio, Ahmed per qualche istante rimase a occhi chiusi, in apparenza almeno, né accaldato né intontito e neppure stanco, ma semplicemente con una espressione di intima felicità dipinta in volto. E quando riaprì gli occhi, Villibaldo lo ringraziò con un profondo inchino, quello che aveva imparato a eseguire in occasione della visita a un sultano; e poi chiese all'amico che cosa avesse pensato mentre si dedicava ai suoi salti. «A chi, vorrai dire» rispose l'altro a mezzavoce. «Pensavo a colui che non può saltare.» Villibaldo non comprese esattamente il significato di quelle parole. «Non può saltare?» ripeté. E Ahmed: «Sì, perché Egli è la Luce stessa ed è senza ombra».

Fino a quel momento, la vita di Villibaldo il Vecchio era stata tutta protesa a mete, fatta unicamente di aspirazioni e di ambizioni; se si era dedicato all'insegnamento, alla poesia e alla musica, era stato per averne riconoscimenti e gloria, e in seguito la carriera di ufficiale era stata da lui intrapresa per procurarsi il rispetto e il benvolere dei suoi superiori. Ma, da quel momento, tutto cambiò. La sua meta cessò di essere alcunché di esteriore, e la sua felicità, la sua soddisfazione, non consistettero più in un'ascesa esteriore ovvero in una riduzione delle distanze. Perché da quel momento il suo obiettivo fu di far propria una parte almeno di quella felicità e luce di cui aveva visto accendersi il volto di Ahmed dopo i suoi salti dell'ombra, e la sua brama ebbe per oggetto quel grado di dedizione che per la prima volta aveva percepito nella danza vorticante dei dervisci e adesso, più tranquilla ma anche più sublime, nel pio esercizio di Ahmed.

Sebbene fosse abituato ad aspre attività fisiche di vario tipo, gli ci volle parecchio tempo per raggiungere, se non la perfezione dell'amico, per lo meno una certa abilità.

Anche le formiche combattono guerre, anche le api hanno Stati. La tua anima cerca altre vie e quando non riesce a proseguire per te non sboccia felicità.

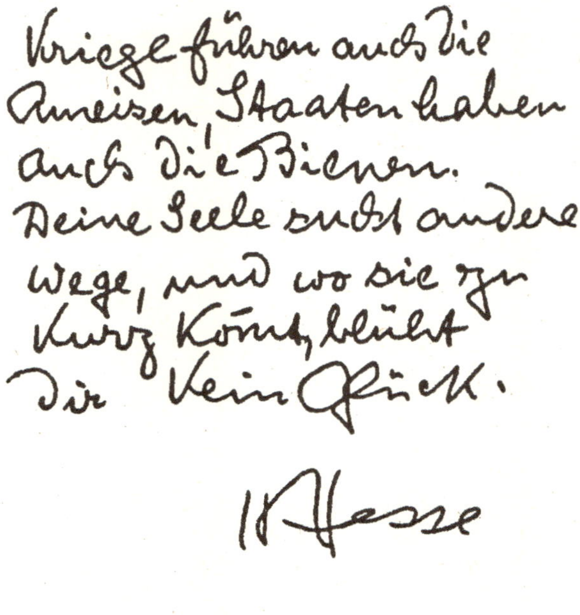
Kriege führen auch die
Ameisen, Staaten haben
auch die Bienen.
Deine Seele sucht andere
Wege, und wo sie zu
kurz kommt, blüht
dir kein Glück.

H Hesse

Fonti

p. 3 Da *Ausgewählte Briefe* (*Lettere scelte*), Frankfurt am Main, 1974, p. 462; trad. it. di Adriana Apa.

– Da *Ausgewählte Briefe*, cit., p. 34; trad. it. di Adriana Apa.

4 Da *Ausgewählte Briefe*, cit., p. 30; trad. it. di Adriana Apa.

5 *Animo infantile* (*Kinderseele*), scritto nel 1918-19. Da *Gesammelte Erzählungen* (*Tutti i racconti*), Frankfurt am Main, 1977; trad. it. di Amina Pandolfi.

42 Da *Breve cenno biografico* (*Kurzgefaßter Lebenslauf*), scritto nel 1922-24, riproduzione parziale da *Traumfährte* (*Orme di sogni*), WA* 6, pp. 361 sgg.; trad. it. di Gianna Ruschena Accatino, da *Scritti autobiografici.*

48 *Solo* (*Allein*), scritto nel 1906. Da *Die Gedichte* (*Poesie*), Frankfurt am Main, 1977; trad. it. di Adriana Apa.

49 *Saggezza, ironia e malizia* (*Altersweisheit, Spott und Schelmerei*), scritto nel 1952, riproduzione parziale da *Großväterliches* (*Sul nonno materno Hermann Gundert*), WA 10, pp. 308 sgg., trad. it. di Gianna Ruschena Accatino, da *Scritti autobiografici.*

51 *Sì, tutto accade per il mio bene!* (*Es geschiet ja alles zu meinem Besten!*), lettere tratte da *Kindheit und Jugend vor Neunzehnhundert* (*Infanzia e giovinezza prima del 1900*), I, Frankfurt am Main, 1966; trad. it. di Adriana Apa.

61 Da *Unterm Rad* (*Sotto la ruota*), scritto nel 1906, WA 2, p. 50 e pp. 97 sgg.; trad. it. di Adriana Apa.

* WA = *H. Hesse Werkausgabe,* Frankfurt am Main 1970.

62 Da *Gesammelte Briefe* (*Tutte le lettere*), III, p. 476; trad. it. di Adriana Apa.

63 *Nella nebbia* (*Im Nebel*), scritto nel 1905. Da *Die Gedichte* (*Poesie*), cit.; trad. it. di Mario Specchio.

– Da *Demian*, scritto nel 1917, WA 5, p. 106; trad. it. di Ervino Pocar.

64 *L'uomo della foresta* (*Der Waldmensch*), scritto nel 1914; da *Gesammelte Erzählungen* (*Tutti i racconti*); trad. it. di Elisabetta Potthoff, da *Dall'India*.

71 *Il mondo nostro sogno* (*Die Welt unser Traum*), scritto nel 1919. Da *Die Gedichte*, cit.; trad. it. di Adriana Apa.

72 *Tenacia* (*Eigensinn*), scritto nel 1917, WA 10, pp. 454 sgg.; trad. it. di Francesco Saba Sardi, da *Non uccidere*.

79 Da *Ausgewählte Briefe* (*Lettere scelte*), cit., p. 393; trad. it. di Adriana Apa.

– Da *Ausgewählte Briefe* (*Lettere scelte*), cit., p. 346; trad. it. di Adriana Apa.

– Da *Gesammelte Briefe* (*Tutte le lettere*), cit., IV, p. 354; trad. it. di Adriana Apa.

80 *Nuova esperienza* (*Neues Erleben*), scritto nel 1914. Da *Die Gedichte* (*Poesie*), cit.; trad. it. di Adriana Apa.

81 Da *Ausgewählte Briefe* (*Lettere scelte*), cit., p. 43; trad. it. di Adriana Apa.

– Da *Demian*, cit., p. 64; trad. it. di Ervino Pocar.

– Da *Gesammelte Briefe* (*Tutte le lettere*), cit., II, p. 53; trad. it. di Adriana Apa.

82 Da *Demian*, cit., WA 5, p. 114 e pp. 126 sgg.; trad. it. di Ervino Pocar.

– Da *Ausgewählte Briefe* (*Lettere scelte*), cit., p. 366; trad. it. di Adriana Apa.

– *Storia universale* (*Weltgeschichte*), scritto nel 1918, WA 10, pp. 439 sgg.; trad. it. di Francesco Saba Sardi, da *Non uccidere*.

88 *Non uccidere* (*Der Schritt vom Tier zum Menschen*), riproduzione parziale da *Du sollst nicht töten* (*Non uccidere*), scritto nel 1919, WA 10, pp. 449 sgg.; trad. it. di Francesco Saba Sardi, da *Non uccidere*.

89 Da *Ausgewählte Briefe* (*Lettere scelte*), cit., p. 282; trad. it. di Adriana Apa.

90 Da *Gesammelte Briefe* (*Tutte le lettere*), cit., I, pp. 342 sgg.; trad. it. di Adriana Apa.

91 Da *Gesammelte Briefe* (*Tutte le lettere*), cit., I, pp. 342 sgg.; trad. it. di Adriana Apa.

92 *L'uomo ideale* (*Der ideale Mensch*), riproduzione parziale da *Phantasien* (*Fantasie*), scritto nel 1918, WA 10, pp. 449 sgg.; trad. it. di Adriana Apa.

94 *Giorni del destino* (*Schicksalstage*), scritto nel 1918, da *Die Gedichte* (*Poesie*), cit.; trad. it. di Adriana Apa.

95 *Che fare?* (*Was sollen wir tun?*), riproduzione parziale da *Zarathustras Wiederkehr* (*Il ritorno di Zarathustra*), scritto nel 1919, WA 10, pp. 466 sgg.; trad. it. di Francesco Saba Sardi, da *Non uccidere*.

109 Da *Gesammelte Briefe* (*Tutte le lettere*), cit., II, pp. 41 sgg.; trad. it. di Adriana Apa.

– Da *Ausgewählte Briefe* (*Lettere scelte*), cit., p. 504; trad. it. di Adriana Apa.

– Da *Demian*, cit., WA 5, p. 145; trad. it. di Ervino Pocar.

110 Da *Gesammelte Briefe* (*Tutte le lettere*), cit., II, pag. 48; trad. it. di Adriana Apa.

111 Da *Ausgewählte Briefe* (*Lettere scelte*), cit., p. 97; trad. it. di Adriana Apa.

– Da *Ausgewählte Briefe* (*Lettere scelte*), cit., p. 66; trad. it. di Adriana Apa.

112 Da *Gertrud*, scritto nel 1909-10, WA 3, p. 126; trad. it. di Maria Teresa Mandalari.

– Da *Kurzgefaßter Lebenslauf* (*Breve cenno biografico*), cit., WA 6, pp. 405 sgg.; trad. it. di Gianna Accatino Ruschena, da *Scritti autobiografici*.

113 *Lettera invernale dal Sud* (*Winterbrief aus dem Suden*), scritto nel 1919, WA 6, pp. 303 sgg.; trad. it. di Adriana Apa.

117 Da *Ausgewählte Briefe* (*Lettere scelte*), cit., p. 199; trad. it. di Adriana Apa.

118 Da *Ausgewählte Briefe* (*Lettere scelte*), cit., p. 75; trad. it. di Adriana Apa.

119 Da *Ausgewählte Briefe* (*Lettere scelte*), cit., p. 408; trad. it. di Adriana Apa.

– *Presso i Massageti* (*Bei den Massageten*), scritto nel 1927, da *Gesammelte Erzählungen* (*Tutti i racconti*), cit.; trad. it. di Adriana Apa.

124 *Quercia potata* (*Gestutzte Eiche*), scritto nel 1919, da *Die Gedichte* (*Poesie*), cit.; trad. it. di Adriana Apa.

125 *Digressione nel nuoto* (*Abstecher in den Schwimmsport*), scritto nel 1928. Da *Die Kunst des Müßiggangs* (*L'arte dell'ozio*), Frankfurt am Main, 1973, pp. 300 sgg.; trad. it. di Marina Bistolfi, in *Racconti*.

130 Da *Demian*, cit., WA 5, p. 112; trad. it. di Ervino Pocar.

– Da *Die Kunst des Müßiggangs* (*L'arte dell'ozio*), scritto nel 1927, cit., p. 9; trad. it. di Adriana Apa.

131 *Del lupo della steppa* (*Vom Steppenwolf*), scritto nel 1927, da *Gesammelte Erzählungen* (*Tutti i racconti*), cit.; trad. it. di Marina Bistolfi, in *Racconti*.

138 Da *Der Steppenwolf* (*Il lupo della steppa*), scritto nel 1926-27, WA 7, pp. 206 sgg.; trad. it. di Ervino Pocar.

139 Da *Kurgast* (*Psicologia balneare*), scritto nel 1923, WA 7, pp. 109 sgg.; trad. it. di Italo Alighiero Chiusano.

140 Da *Gesammelte Briefe* (*Tutte le lettere*), cit., II, pp. 357 sgg.; trad. it. di Adriana Apa.

141 *Lettera a un comunista* (*Brief an einen Kommunisten*), scritto nel 1931. Da *Politik des Gewissens* (*Politica della coscienza*), Frankfurt am Main, 1981, pp. 466 sgg.; trad. it. di Adriana Apa.

145 Da *Gesammelte Briefe* (*Tutte le lettere*), cit., IV, p. 45; trad. it. di Adriana Apa.

– Da *Ausgewählte Briefe* (*Lettere scelte*), cit., pp. 543 sgg.; trad. it. di Adriana Apa.

147 Da *Ausgewählte Briefe* (*Lettere scelte*), cit., pp. 111 sgg.; trad. it. di Adriana Apa.

148 Da *Politik des Gewissens* (*Politica della coscienza*), cit., p. 681; trad. it. di Adriana Apa.

– *Da un diario del luglio 1933* (*Aus einem Tagebuch vom Juli 1933*), riproduzione parziale da *Politik des Gewissens* (*Politica della coscienza*), cit., p. 528; trad. it. di Adriana Apa.

160 Da *Ausgewählte Briefe* (*Lettere scelte*), cit., p. 274; trad. it. di Adriana Apa.

161 *Esame tardivo* (*Späte Prüfung*), scritto nel 1944. Da *Die Gedichte* (*Poesie*), cit.; trad. it. di Adriana Apa.

162 *Il salto* (*Der Sprung*), scritto negli anni Cinquanta. Da *Die Kunst des Mußiggangs* (*L'arte dell'ozio*), cit., pp. 354 sgg.; trad. it. di Francesco Saba Sardi.

166 Da *Von der Seele* (*Dell'anima*), scritto nel 1918. Da *Betrachtungen* (*Osservazioni*), WA 10, p. 42; trad. it. di Adriana Apa.